Rudolf Kremers: Theologie von unten, Querdenker des 20. Jahrhunderts

Rudolf Kremers

Theologie von unten
Querdenker des 20. Jahrhunderts

Impressum

© 2017 Rudolf Kremers

Lektorat, Korrektorat: Dipl.-Theol. Christiane Lober, Halle
Gestaltung: Peter Stalder, Lörrach

Verlag: tredition GmbH, Hamburg

978-3-7439-6374-0 (Paperback)
978-3-7439-6375-7 (Hardcover)
978-3-7439-6376-4 (e-Book)

Bibliografische Information der Deutschen Nationalbibliothek:
Die Deutsche Nationalbibliothek verzeichnet diese Publikation in der Deutschen Nationalbibliografie; detaillierte bibliografische Daten sind im Internet über http://dnb.d-nb.de abrufbar.

Inhalt

Einführung

»Es ist nicht so, dass die Menschen den Raum der Kirche verlassen haben, sondern das Mysterium hat ihn verlassen, um sich an anderen Orten niederzulassen – Inkarnation und Transsubstantiation muss man jetzt dort suchen gehen, wo man vorher nur profane Dinge sah.«
Viktor v. Weizsäcker

»Aus der Tiefe, ›von unten herauf‹ ganz auf das Mittel der Menschensprache gestellt, das Mysterium der Trinität andenken im endlichen Geist! Genauer Gegensatz zur Deduktion der Offenbarung aus dem ›Wort Gottes‹ in einer rationalen Theologie.«
Paul Schütz

»Es ist eine Uhr abgelaufen, es ist die Walze einer Leier abgespielt. Die großartigsten Werke des Geistes stehen vor dem Verfall. Die Staaten wanken; durch die Risse ihrer Mauern wachsen andere Gestalten … Die Kirche des römischen Geistes ist selbst ein Staat geworden und teilt das Schicksal des Staates; aus allen von ihr getrennten und doch gleich ihr dem Geist verfallenen Kirchen recken sich Hände, die den Siegelring des Glaubens tragen, und greifen nacheinander.«
Joseph Wittig

»Alles muss noch einmal gesagt werden, jetzt vom Menschen her.«
Eugen Rosenstock-Huessy

»Die Theologie muss körperlich und dialogisch werden. – Nur was wir gespielt, getanzt und gesungen haben, haben wir verstanden.«
Walter J. Hollenweger

An diesen Zitaten wird deutlich, was die fünf im Folgenden vorgestellten Denker miteinander verbindet. Es ist die Wahrnehmung einer grundlegenden Zäsur der abendländischen Geistesgeschichte, äußerlich angezeigt durch die beiden Weltkriege, und die Überzeugung, dass ein Neuanfang »von unten« ausgehen müsse, vom Profanen, vom Menschen in seiner Leiblichkeit her. Im Übrigen sind es sehr verschiedene Denker:

– Ein Arzt, der zugleich Naturphilosoph war und dessen neue Sicht in den klinischen Alltag der Medizin bis heute kaum aufgenommen wurde;

– Ein evangelischer Theologe, der seinen Dissensus zur lutherischen Lehre erklärt hat und daraufhin von seiner Kirche in den vorzeitigen Ruhestand abgeschoben wurde;

– Ein katholischer Theologe, der zugleich Volksschriftsteller war und der von seiner Kirche exkommuniziert wurde;

– Ein Jurist und Sprachforscher jüdischer Herkunft, der sich zwar aus Überzeugung evangelisch taufen ließ, der aber in keiner der herrschenden Konfessionen ganz unterzubringen ist;

– Ein aus der Pfingstkirche erwachsener und von ihrer Erfahrung bestimmter evangelischer Theologe.

Sie alle gehören aber (außer dem zuletzt Genannten) derselben Generation an, der Generation nämlich, die beide Weltkriege im erwachsenen Alter miterlebt und durchlitten hat. Und ihnen allen ist aufgegangen, dass diese Weltkriege, von denen der zweite nur die Fortsetzung des ersten war, eine grundlegende Krise des abendländischen Geistes offenbart haben. Alle haben darum auch nach einem grundlegenden Neuanfang gesucht, und ihrer aller Grundfrage war dabei: Wie kann die Kirche, die Gemeinschaft der Gläubigen, nach dem Zusammenbruch Europas in den beiden Weltkriegen wieder glaubwürdig werden? Wie kann sie in den Trümmern der Nachkriegslandschaft neu Gestalt gewinnen?
Alle diese fünf Denker waren »Outsider«. Sie wurden und werden darum in ihren Fachgebieten weithin überhört. Sie lagen nicht im »Trend«. Was ist bzw. war das für ein Trend? Er wird am deutlichsten durch den Namen »Sören Kierkegaard« charakterisiert. Dieser war der geistige Vater der theologischen und philosophischen Aufbrüche nach den Weltkriegen. Mit den Waffen, die der große Däne fast ein Jahrhundert vorher geschmiedet hatte, wurde da gekämpft und der Kulturprotestantismus des 19. Jahrhunderts zerschlagen. Und auf seiner dialektischen Interpretation der menschlichen Existenz

glaubte man auch Philosophie und Theologie neu begründen zu können. Das gilt auf theologischem Gebiet sowohl für die »dialektische Theologie« als auch für die »existentiale Interpretation« der biblischen Zeugnisse, die beiden sich befehdenden Hauptströmungen der Nachkriegszeit.

Zu *diesem* Trend also lagen die im Folgenden dargestellten Denker quer. Das hat am deutlichsten Paul Schütz erkannt und ausgesprochen. »Unsere Theologie hat es nicht vermocht, das ›Quäntchen Zimt‹, das ihr Kierkegaard gereicht hat, als ›Gewürz‹ in den Teig zu verrühren. Sie hat sich daran vergiftet«[1], schreibt er in seiner drastischen Sprache. Diese Querlage zu Kierkegaard steht aber auch hinter den anderen hier beschriebenen Entwürfen, besonders hinter der Auseinandersetzung zwischen Eugen Rosenstock-Huessy und Karl Barth – obwohl der Name Kierkegaard da gar nicht auftaucht. Alle diese Denker haben die kritische Funktion Kierkegaards voll bejaht, ja, sie waren selbst davon stark bestimmt, aber dass seine Existenzdialektik eine hilfreiche Grundlage für die notwendige Neuformulierung und vor allem Neugestaltung von Glaube, Kirche und Theologie nach dem Krieg sein könnte, erschien ihnen als Ausflucht ins Gedankliche, als Rechtfertigung der Abwesenheit Gottes statt ihrer Überwindung. Sie selbst gingen dagegen von der Erfahrung der Gegenwart Gottes aus, seiner Gegenwart im Diesseits, in menschlicher Wissenschaft, Kunst und Kultur. Von daher versuchten sie die leibhafte Gestalt von Kirche und Glaube neu in den Blick zu bekommen.

Das Folgende ist der Versuch, ihre verschiedenen Denkwege nebeneinanderzustellen. Dabei kann es natürlich nicht um eine Würdigung ihres Gesamtwerkes gehen. Das ist in einer einzigen Schrift unmöglich darzustellen. Es geht vielmehr streng um die verschiedenen Antworten auf die Frage: Wie können christlicher Glaube, Kirche und Theologie nach dem großen Zusammenbruch der abendländischen Kultur in den beiden Weltkriegen neu Gestalt gewinnen? – Für den Verfasser waren diese Denker wichtige Wegbegleiter auf seinem theologischen Werdegang als Seelsorger in der Gemeinde, im Krankenhaus und im Gefängnis. Darum möchte er mit dieser Schrift auch eine Dankesschuld abtragen; und es geht, wie jeder Leser leicht feststellen kann, weniger um eine objektiv-wissenschaftliche als um eine sehr persönliche Stellungnahme zu diesen fünf Denkern.

---

[1] Schütz (1996), S. 177.

I. Viktor von Weizsäcker

Lebensdaten

1886   Geboren am 21. April in Stuttgart als Sohn des späteren
            württembergischen Ministerpräsidenten Karl Weizsäcker
            (1916 in den erblichen Freiherrenstand erhoben) und
            seiner Frau Paula, geb. von Meibom
1904–09   Medizinstudium, danach Assistent an der Medizinischen
            Klinik in Heidelberg bei Ludolf von Krehl
1914–18   Truppenarzt in Frankreich und Polen
1919   Naturphilosophische Vorlesung in Heidelberg, Thema:
            »Am Anfang schuf Gott Himmel und Erde«
1922   Außerordentlicher – ab 1930 ordentlicher – Professor
            für Neurologie in Heidelberg
1941   Berufung auf das Ordinariat für Neurologie in Breslau
1945   Rückkehr nach Heidelberg
1946–52   Ordinarius für Allgemeine Klinische Medizin in
            Heidelberg
1957   Verstorben am 8. Januar in Heidelberg

Hauptwerke

Neben einer Vielzahl von medizinischen und philosophischen Aufsätzen
sind zu nennen:
– *Körpergeschehen und Neurose.* 1933/1986
– *Der Gestaltkreis.* 1940/1996
– *Arzt und Kranker.* 1941/1949
– *Begegnungen und Entscheidungen.* 1949
– *Diesseits und jenseits der Medizin.* 1950
– *Natur und Geist.* 1954
– *Am Anfang schuf Gott Himmel und Erde.* 1956
– *Pathosophie.* 1950/1956

1. Die Krise des abendländischen Geistes

Es mag erstaunen, dass als erster theologischer Querdenker hier nicht ein
Theologe, sondern ein Mediziner bzw. Arzt genannt wird. Aber das Denken
dieses Arztes ist von enormer theologischer Bedeutung. Das wurde nur von
der Fachtheologie bisher zu wenig wahrgenommen. Dagegen waren alle drei

folgenden Denker stark durch Weizsäcker beeinflusst. Paul Schütz hat sich mit ihm und seinem Schüler Wilhelm Kütemeyer in seinem Hauptwerk »Parusia« intensiv auseinandergesetzt. »Wie dieser Arzt den Kern des Evangeliums wieder heraufholt und zum Maßstab macht«, schreibt er dort, »das eben lässt uns die Gesundheit unserer Orthodoxie fragwürdig werden … Die scharfäugige Diagnose dieses Arztes trifft uns dort, wo wir als Theologen krank sind.«[2] – Und Joseph Wittig schrieb – nach der Begegnung mit Weizsäcker – einmal: »Vielleicht wird die Medizin auch die erste unter den Fakultäten der Menschheit sein, die in die wunderbare Ursprungsschicht allen Geschehens eindringt. Wie sie als erste den Mut hatte, dem Geist zu entsagen, um sich ganz und gar der körperlichen Erfahrung anzuvertrauen, wird sie vielleicht auch als erste den Mut haben, zu Gott und seinem Leben, dem Glauben. Die Theologie, vermute ich, wird die letzte sein.«[3] Mit »Geist« meint Wittig in diesem Zusammenhang den Geist der Wissenschaft, die Methoden und Systeme, d. h. das Gedachte, auf das sich diese Wissenschaft gründet. Dem wird die unmittelbare körperliche Wahrnehmung gegenübergestellt. Beide Zitate machen deutlich, dass diese Theologen nicht bei der biblischen Überlieferung allein ansetzen, sondern Bibel und kreatürliche Erfahrung zusammenzubringen suchen. Franz Rosenzweig, der auf jüdischer Seite zu diesen Querdenkern gehört, hat das einmal so formuliert: »Die theologischen Probleme wollen ins Menschliche übersetzt werden und die menschlichen bis ins Theologische vorangetrieben … Die Offenbarung zerstört ja das echte Heidentum, das Heidentum der Schöpfung, mitnichten, sie lässt ihm nur das Wunder der Umkehr und Erneuerung geschehen.«[4] Das ist ganz im Sinne des obigen Zitates von Eugen Rosenstock-Huessy, der sich in seinen Schriften des Öfteren auf Viktor Weizsäcker bezieht. Dieser Arzt war also für jene theologischen Querdenker ein wichtiger Gewährsmann und Gesprächspartner im Blick auf die kreatürliche (Selbst-)Erfahrung des Menschen, bei der sie neu anzusetzen versuchten.

Schon in seiner Studienzeit und den ersten praktischen medizinischen Betätigungen vor dem Ersten Weltkrieg ging Weizsäcker auf, wie sehr die herrschende Medizin die Wirklichkeit des Menschen verfehlt. Weil diese Medizin ganz vom naturwissenschaftlichen, d. h. kausal-mechanistischen Denken und der darauf basierenden Technik geprägt war, wurden ent-

[2] Schütz (1963), S. 168 f.
[3] Wittig (1929), S. 144.
[4] Rosenzweig (1982), S. 153.

scheidende Bereiche des Menschen, die biografischen, geistigen, religiösen usw., einfach ausgeblendet. Das brachte ihn, wie viele andere, in ein inneres Dilemma. Die medizinischen Forscher, so spricht er es einmal aus, sähen sich genötigt, vor dem Gang ins Laboratorium »mit Hut und Stock auch ihren Gott an den Nagel zu hängen«[5]. Das aber führt zu »einer Art von Bewusstseinsspaltung, und je gründlicher sie erfolgt, desto deutlicher entsteht das Bild der beginnenden oder vollendeten Schizophrenie«[6]. Dieser Eindruck einer kranken und krank machenden Wissenschaft findet für ihn dann seine schreckliche Bestätigung in der Katastrophe des Ersten Weltkriegs. Was auch die äußeren politischen Gründe für den Ausbruch des Krieges waren – es zeigte sich für ihn darin eine tiefe Krise des abendländischen Geistes, die letztlich in der von der herrschenden Wissenschaft erzeugten Bewusstseinsspaltung ihre Ursache hatte. So schrieb er später in seinen Lebenserinnerungen, dass er im Ersten Weltkrieg »zu der Überzeugung gekommen« sei, »dass das geschichtliche Geschehen die volle Qualität des Wahnsinns« habe.[7]

Das Ungenügen an der herrschenden Medizin und die Suche nach neuen Wegen wurden durch diese Kriegserfahrungen natürlich aufs Stärkste intensiviert. 1919 hielt Weizsäcker in Heidelberg eine naturphilosophische Vorlesung, von der später Bruchstücke unter dem Titel »Am Anfang schuf Gott Himmel und Erde« veröffentlicht wurden. Darin versuchte er die naturwissenschaftliche Medizin mit Religion und Philosophie ins Gespräch zu bringen. Durch die mathematische Naturwissenschaft wird, so zeigte er, die Natur nacheinander »entgottet, entgeistigt, entdinglicht, entseelt«. Das geschieht, indem sie in Zahlenverhältnisse aufgelöst wird. Die Qualitäten werden auf Quantitäten reduziert. Damit aber wird nicht die Wirklichkeit erkannt, sondern nur ein Aspekt der Wirklichkeit, der dann erscheint, wenn man alles ausblendet, was zahlenmäßig nicht fassbar ist. Das zeigt sich sofort, wenn der Forscher sich dem Leben zuwendet, d. h. der Biologie oder Medizin. »So vollendet die Logik der Mathematik und Physik heute ist, so kläglich sind ihre Erfolge bei der Biologie. Hier enthüllt sich irgendein Schaden, ein Mangel, der ganz tiefe Gründe hat«[8], schreibt Weizsäcker. Es zeigt sich nämlich, dass auf diesem Erkenntnisweg die Wirklichkeit des

[5] Von Weizsäcker (1956), S. 26.
[6] Ders. (1986b), S. 394.
[7] Ebd., S. 395.
[8] Ders. (1956), S. 93.

Lebendigen nicht erfasst werden kann. Damit wird diese Denkform aber ein indirekter Hinweis auf das Geheimnis der Schöpfung. Weizsäcker bezeichnet die Naturwissenschaft deshalb als »negative Theologie«. Sie zeigt nur das, was Gott bzw. geschöpfliches Leben *nicht* ist.

2. Die medizinische Anthropologie

Wie kann die Lebenswissenschaft sich aber dem Geheimnis der Schöpfung, die Medizin insbesondere dem Geheimnis des Menschen annähern? Dieser Frage geht Weizsäcker nun in seiner medizinischen Praxis, in der konkreten Begegnung mit dem kranken Menschen, nach. Und die Ergebnisse seiner Suche hat er erstmals in drei Aufsätzen der Zeitschrift »Die Kreatur« veröffentlicht. Diese Zeitschrift wurde 1927 durch Martin Buber gegründet. Ihr heimlicher Spiritus Rector war aber wohl Franz Rosenzweig. »Diese Zeitschrift will«, so schrieb dieser im Vorwort des ersten Heftes, »von der Welt so reden, dass ihre Geschöpflichkeit erkennbar wird. Sie will nicht Theologie treiben, eher, in geistiger Demut, Kosmologie … Die Geschöpflichkeit verbindet die Getrennten und verbürgt die ›Kosmologie der Hoffnung‹ auf das Reich hin.« Die Getrennten – damit waren die drei großen biblischen Konfessionen gemeint: Katholiken, Protestanten und Juden. Von jeder dieser drei Glaubensweisen suchte Rosenzweig Mitherausgeber zu gewinnen. Und es ist bezeichnend, dass neben Martin Buber, einem vom orthodoxen Judentum eher misstrauisch betrachteten Religionsphilosophen, als Vertreter des Protestantismus der Arzt Viktor Weizsäcker und als Vertreter des Katholizismus der in der Katholischen Kirche verfemte Theologe und Volksschriftsteller Joseph Wittig angefragt und gewonnen wurden. Alle drei waren Denker, die nicht in den von jenen drei Glaubensweisen entwickelten spezifischen Denk- und Lehrsystemen gefangen, sondern auf der Suche nach realen Gotteserfahrungen auf ihren jeweiligen Wissensgebieten waren. Rosenzweig suchte also solche Grenzgänger, die auf dem Boden des Kreatürlichen ein Gespräch über die bestehenden Grenzzäune hinweg zu führen befähigt waren.

Der Beitrag Weizsäckers zu dieser Zeitschrift bestand nun in drei Aufsätzen mit den Titeln »Der Arzt und der Kranke«, »Die Schmerzen« und »Die Krankengeschichte«. Alle diese Aufsätze sind aus der unmittelbaren Begegnung mit dem kranken Menschen erwachsen. Sie bilden die Grundlage der neuen – medizinischen – Anthropologie, um die Weizsäcker sein Leben lang gerungen hat. Grundsätzlich ging es ihm in seiner Begegnung mit dem

Kranken darum, alle mitgebrachten wissenschaftlichen Vorstellungen von der Krankheit und ihren Ursachen zu vergessen und sich ganz dem Geschehen zu öffnen, das sich in dieser Begegnung abspielt. »Die Natur erklärt sich selbst, wenn man es ihr nur erlaubt. Man muss nicht sie belehren, sondern sich von ihr belehren lassen«[9], schreibt er später dazu lapidar.

Wenn der Arzt den bei ihm Hilfe suchenden Menschen wahrnehmen will, muss er mit ihm ins Gespräch eintreten. »Ich bin krank«, sagt der Patient. Und der schlechte Arzt untersucht darauf sofort Herz, Lunge, Blutdruck, Urin usw. und kommt aufgrund dieser objektiven Tatbestände zur Diagnose der Erkrankung. Aber der Kranke hat ja nicht gesagt: »Mein Herz, meine Lunge, meine Blase usw. ist krank«, sondern »Ich bin krank«. Das ist etwas anderes und stürzt den guten Arzt zunächst in ein Dilemma. Denn mit allem medizinischen Wissen von den objektiven Tatbeständen des Körpers und seiner Krankheiten, die nichts Wirkliches sind, sondern etwas Gedachtes, soll er einen Menschen behandeln, dessen Wirklichkeit er nicht kennt. »Es ist eine erstaunliche aber nicht zu leugnende Tatsache, dass die gegenwärtige Medizin eine eigene Lehre vom kranken Menschen nicht kennt«[10], schreibt Weizsäcker. Im Gespräch mit dem kranken Menschen erfährt der Arzt, dass dieses »Ich« eine Geschichte hat, dass es in der Gegenwart Empfindungen und Ängste hat, von vergangenen Erfahrungen belastet und im Blick auf die Zukunft von Hoffnungen und Erwartungen umgetrieben ist. Dies alles spielt in der Aussage »Ich bin krank« mit und muss darum auch bei der Diagnose und Therapie mitbedacht werden. Es ist bezeichnend für Weizsäcker, der sich einmal einen »grübelnden Jünger der ärztlichen Kunst« genannt hat, dass er diese Einsichten, die uns heute fast selbstverständlich erscheinen, bis in die letzte Tiefe verfolgt und umstürzende Konsequenzen für die ärztliche Praxis daraus gezogen hat, die bis heute nur in Ansätzen verwirklicht sind.

Es geht um die Einführung des Subjekts in die Medizin, nicht nur des Subjekts des Kranken, sondern auch des Arztes. Denn um den Kranken in seiner Situation zu verstehen, muss der Arzt sich in das Gespräch selbst einbringen. Leben kann nämlich nur von dem verstanden werden, der sich am Leben *beteiligt,* also nicht von einem objektiven und darum distanzierten Betrachter. Weizsäcker vergleicht das ärztliche Gespräch mit dem Kranken

---

[9] Ders. (1950/1956), S. 9.
[10] Ders. (1987a), S. 12.

bzw. dessen Behandlung einmal mit einem Schachspiel. Die Regeln des Spiels sind vorgegeben, nicht aber Zug und Gegenzug, die das Spiel voranbringen. Die neutralen, »wissenschaftlichen« Beobachter sind dann die »Kiebitze«, die danebenstehen und ihre klugen Bemerkungen machen, aber das Spiel nicht voranbringen können. Der Arzt, der sich selbst einbringt dagegen, der mitspielt, treibt das Spiel voran. Er stellt nicht nur einen Befund fest, sondern schafft mit dem Kranken zusammen erst den Befund, und der ist nie etwas schon Vorhandenes, sondern neu geschaffen. Und das ist im Grunde in jeder menschlichen Begegnung so. Im wirklichen Gespräch werden nicht nur Feststellungen getroffen oder bestritten, sondern die beiden Gesprächspartner schaffen miteinander etwas Neues, so wie eben zwei Schachspieler durch ihre unvorhersehbaren Züge das Spiel verändern und vorantreiben.

Was ist das für ein Spiel? Wer setzt die Regeln fest, und was ist sein Ziel? »Hier erscheint«, schreibt Weizsäcker, »das, was in religiöser Sprache ›Schöpfung‹ heißt. Ein emanzipiertes Jahrhundert hat … in einer Art von Angst vor der Schöpfung diese als eine unbegreifliche oder auch zu spekulative und wissenschaftlich zu unbeweisbare, ja ihrer Pflichterfüllung gefährliche, Idee aus der Naturwissenschaft ausgeschlossen. Dieser Irrtum kann fallen, wenn sich zeigt, dass es umgekehrt steht und dass diese Idee alleine es ist, unter deren Herrschaft irgendetwas als wahr und wirklich hervorzubringen ist.«[11] »Schöpfung« im biblischen Sinn ist ja nicht ein Ursprungsgeschehen, das dann weiterliefe nach dem Gesetz von Ursache und Wirkung bzw. von Zufall und Notwendigkeit, sondern ein fortlaufender Prozess, der einem Ziel entgegenläuft. Im Ursprung werden nur Möglichkeiten geschaffen, die dann verwirklicht werden können oder auch nicht – wie eben bei einem Schachspiel. Der Mensch wird dabei zum Mitspieler des Schöpfers, indem er solche Möglichkeiten aufgreift und gestaltet oder verwirft. Das ist nicht nur eine Glaubensaussage, sondern eine Erkenntnis des forschenden Verstandes. Nur indem der Mensch mitspielt auf dem Schachbrett der Welt, kann etwas »als wahr und wirklich hervorgebracht« werden. Wer da der Schöpfer und was das Ziel seiner Schöpfung ist, bleibt dabei noch verborgen. Aber für den, der sich am »Schachspiel« des Lebens beteiligt, erscheint doch schon das Ziel dieses Lebensspiels. Es geht darin darum, dass der Mensch seine Bestimmung in der Welt wahrnimmt und erfüllt. Was ist diese Bestimmung? Weizsäcker spricht hier vom »Mysterium Incarnationis«, auf das er in der

---

[11] Ders. (1997), S. 274.

Begegnung mit dem kranken Menschen immer wieder gestoßen wird. Damit ist nicht – wie in der kirchlichen Lehre – das Geheimnis der Person Jesu gemeint, sondern das Geheimnis des Menschen überhaupt. Der Mensch ist das Geschöpf, in dem Geistiges sich verleiblichen will und soll.[12] Diese Zielgerichtetheit der menschlichen Existenz wird ganz körperlich erfahrbar; denn jede Fehlentwicklung zeigt sich an als körperlicher Schmerz.

In den Erfahrungen, die der Arzt im Gespräch mit dem Kranken sammelt, wird deutlich, dass der Mensch »Kreatur« ist, d. h., der Mensch »hat nicht nur die kalte Existenz, sondern sein Dasein ist immer ein So-sein-Sollen«[13]. Über der menschlichen Existenz steht also ein »Creator«, dessen Herrschaft in bestimmten Ordnungen sichtbar wird, die der Mensch nicht ungestraft übertreten kann. Das ist der Hintergrund jeder Schmerzerfahrung. »Am Ariadnefaden des Schmerzes«, schreibt Weizsäcker dazu, »ist ein Gefüge der Lebensordnungen aufzuspüren, derer nämlich, welche eine fleischge-wordene Wahrheit, die *Fleischwerdung einer Wahrheit* anzeigen, nämlich eine Lebenswirklichkeit … Es ist ein Gefüge da, eine Ordnung, die nicht schmerzlos gestört werden kann.«[14] Das menschliche Dasein ist also stets »ein in-Geboten-Stehen«, und »es bedarf keiner besonderen Hingabe, Unterwerfung, Gläubigkeit, um dies einzusehen, sondern nur eines Hörens.«[15] Dass der Mensch »Creatur« ist, d. h. ein Geschöpf, das sein Leben vor dem Schöpfer verantworten muss, das erfährt der Arzt, der sich auf das Gespräch mit dem Kranken einlässt. Und so wird deutlich, dass der Mensch »wie alle Geschöpfe einen Vater hat« und dass also »das letzte Ziel der Gehorsam gegen den Vater« ist[16] – das letzte Ziel des Menschenlebens und darum auch jedes therapeutischen Gesprächs. Das hat natürlich weitgehende Konsequenzen für das »seelsorgerliche« Gespräch. Der Seelsorger, der seinem »Beichtkind« seine im biblischen Glaubenszeugnis verkündigte Kreatürlichkeit und damit seine Verantwortung vor dem Schöpfer nahebringen will, kann nun anknüpfen bei ganz körperlichen Erfahrungen – und muss da anknüpfen.

[12] Vgl. ders. (1950/1956), S. 11.
[13] Ders. (1987b), S. 45.
[14] Ebd., S. 35.
[15] Ebd., S. 45.
[16] Vgl. ders. (1987b), S. 47.

3. Die »pathische« Existenz

Diese Sicht der kreatürlichen Existenz des Menschen hat von Weizsäcker in seinem unvollendeten Alterswerk »Pathosophie« zu entfalten versucht. Diese »Pathosophie« stellt er der »Philosophie« gegenüber. Die Grundelemente des menschlichen Daseins sind nicht Gedanken und Ideen, nicht der »Geist« wie in der Philosophie, sondern leibhaftige Widerfahrnisse, »Passionen«, die der Mensch erst hinterher, im Nachhinein, gedanklich zu bewältigen sucht. – Diese Sicht des Lebens wäre aber völlig falsch verstanden, wenn man sie pessimistisch nennen würde. Denn zum »Pathischen« gehört nicht nur das Leid, sondern auch die Freude, nicht nur der Schmerz, sondern auch die Lust. Alles sind Widerfahrnisse, an denen und in denen der Mensch zu seiner Bestimmung heranreifen soll, »erlitten und empfangen werden die einen wie die andern und beides können wir nicht machen. Das ist der springende Punkt.«[17]

Von Natur, von seinem Anfang her, ist der Mensch »unzulänglich, ergänzungsbedürftig, veränderungssüchtig, undeterminiert, defekt oder ohnmächtig«. Aber das Ziel, das ihm gesetzt ist, dem er durch die guten und bösen Widerfahrnisse seines Lebens entgegengeführt werden soll, ist die Erfahrung seiner Kreatürlichkeit und darin der Aufruf zum Gehorsam gegen den Vater. – Diese »pathische Existenz« des Menschen tritt in verschiedenen Kategorien in Erscheinung, die Weizsäcker als Pentagramm beschreibt: in den Kategorien »Dürfen, Müssen, Wollen, Sollen, Können«. Erhellend und tröstlich ist dabei, dass er mit der Beschreibung des »Dürfens« beginnt. »Das Dürfen ist der Ostermorgen menschlichen Daseins. Dies laut werden zu lassen ist nur der Hymnus fähig und befugt, so heißt es da.«[18] – Der Mensch muss nicht nur etwas, er will, soll und kann nicht nur etwas, er darf auch etwas. Dies Dürfen ist durch nichts begründbar. »Ein Osterspaziergang oder ein Suchen nach Ostereiern, die jemand versteckt hat, wäre das, was diesen Zustand am besten vorbereitet.« Weizsäcker spricht hier nicht von der Osterbotschaft oder einem Ostergottesdienst. Wie immer will er streng bei dem bleiben, was er als Arzt beobachtet. Ein Kranker darf gesund werden, eine Neurose darf überwunden werden. Das ist letztlich nicht erklärbar, weder durch das Können des Arztes noch durch den Willen des Patienten noch durch die Gesetze der Natur. Es wird erfahren als »gespendet«.

[17] Ders. (1950/1956), S. 11.
[18] Ebd., S. 5.

So eben ist es ein Hinweis auf das, was in der biblischen Offenbarung »Gnade« genannt wird. – Und ebenso wie die Gnade Gottes ist auch sein Gebot im kreatürlichen Dasein des Menschen schon angezeigt, eben im Schmerz, der anzeigt, dass »etwas nicht sein soll, was doch ist«[19]. Im Zwiespalt zwischen Dürfen und Müssen, den beiden zentralen pathischen Kategorien, erfährt sich der Mensch so zwischen Ostern und Karfreitag. »Das Dürfen ist der Ostermorgen menschlichen Daseins« und »Das Müssen ist der Karfreitag menschlichen Daseins.«[20]

Das kann auch der Ungläubige wahrnehmen., wobei »wahrnehmen« mehr ist als wissenschaftliches Erkennen. »Das Wort Wahrnehmung selbst verrät uns mit tiefem Sprachsinn, dass das Wahre nicht besessen, sondern genommen sein will«[21], schreibt Weizsäcker. Wer »wahrnehmen« will, muss sich also beteiligen, er muss mitspielen. Dies Wahrnehmen sollte aller biologischen und medizinischen Wissenschaft vorausgehen, sonst verkommt sie zu »freischwebender Geistigkeit«, wie Weizsäcker das nennt. Die Wissenschaft schwebt dann über den Dingen, in einer Gedankenwelt, die der Wirklichkeit des Lebens nicht gerecht werden kann.

4. Medizin und Seelsorge

Das gilt aber in abgewandelter Weise auch für die Theologie, was besonders in der Seelsorge deutlich wird. Darauf hat Weizsäcker in einem Aufsatz »Medizin und Seelsorge« hingewiesen, der in der von Barth und Gogarten herausgegebenen Zeitschrift »Zwischen den Zeiten« erschienen ist. Er war eine Entgegnung auf den ebenfalls dort veröffentlichten Aufsatz von Eduard Thurneysen über Seelsorge. »Seine Ausführung«, schreibt Weizsäcker, »mündete in den Satz: Seelsorge ist Beten. Es war wieder eine sehr konsequente, aber sehr täuferische wirklichkeitsferne Stellungnahme, die lieber alles Seelenleben zugrunde gehen lassen, als den radikalen Befehl ›nur senkrecht von oben‹ mildern wollte. Mit dem ›sola fide‹ war es den Barthianern eben wirklich ernst.«[22]

Die »scharfäugige Diagnose« dieses Arztes hat hier also in dem »sola fide«, dem protestantische Zentraldogma von der »Rechtfertigung des Sünders allein durch den Glauben«, die Wurzel des »täuferischen Dualismus« und der

[19] Ders. (1987b), S. 45.
[20] Ders. (1950/1956), S. 63 u. 68.
[21] Ders. (1950), S. 9.
[22] Ders. (1986a), S. 209.

damit verbundenen Wirklichkeitsferne protestantischer Seelsorge gesehen. Er beruft sich dabei auf das Pauluswort: »Der geistliche Leib ist nicht der erste, sondern der natürliche, danach der geistliche« (1. Kor. 15, 46). Wenn die Wahrnehmung des natürlichen Leibes nicht am Anfang des seelsorgerlichen und überhaupt des kirchlichen Handelns steht, dann verfällt es frommen Ideologien, die dem Menschen nicht wirklich helfen. Es zeigt sich hier, wie verhängnisvoll es ist, wenn eine an ihrem Ort richtige Wahrheit zum Prinzip erstarrt. Die Glaubenserkenntnis, dass der Sünder vor Gott »allein durch die Gnade« und »allein durch den Glauben« gerechtfertigt wird, ist an ihrem Ort richtig und tröstlich. Wenn dies »Allein« aber zum Grundsatz wird, der immer und überall gelten soll, wird die Aussage falsch und schädlich. Bei seiner Heilung, auch der Heilung seiner Seele, darf und muss der Mensch mitwirken, der Kranke sowohl wie der Arzt. »Ärzte sind professionelle Pelagianer und können durch keine Verdammung der Kirche davon abgehalten werden, es zu sein«[23], schreibt Weizsäcker. Die Irrlehre des Pelagius, dass der Sünder zu seiner Rechtfertigung vor Gott etwas beitragen könne und müsse, wird auf dem Gebiet der Gesundung zur heilsamen Wahrheit: Der Mensch darf und muss etwas beitragen. Und wer wollte bestreiten, dass Jesus – dem Heiland! – die Heilung des Menschen ebenso wichtig gewesen sei wie seine Rechtfertigung vor Gott!

Eine protestantische Theologie, die über dem Prinzip des »sola fide«, allein durch den Glauben, konstruiert ist, gerät in Gefahr, zur »freischwebenden Geistigkeit« zu verkommen, die den wirklichen Menschen nicht mehr erreicht. Das, worum es in Christentum und Kirche eigentlich gehen müsste, die Verleiblichung des biblischen Heils, geschieht dann nicht mehr bzw. wird nicht mehr wahrgenommen. Weizsäcker äußerte dazu einmal »die verwegene Vermutung, dass im Christentum Heilkraft durch Theologie, man könnte auch sagen: Handeln durch Denken, Worte machen ersetzt wurde«[24]. – Der Entleiblichung und damit Entwirklichung des biblischen Heils in Theologie und Kirche ist dann besonders der Schüler Weizsäckers, Wilhelm Kütemeyer, nachgegangen. Während der anthropologische Mediziner erkennt, so schrieb er einmal, dass »jede Krankheit moralisch, jede Physiologie theologisch, jede Anatomie mystisch, aber auch jede Schuld mechanisch, jede Angst chemisch, jeder Hass und jede Liebe energetisch sind, stößt er in Kirche und Theologie

---

23 Ders. (1987c), S. 275.
24 Ders. (1933/1986), S. 222.

immer noch auf die cartesianische Trennung zwischen Leib und Seele bzw. Leib und Geist«[25]. Und er erkennt in dieser »cartesianischen Trennung« einen der Hauptgründe für die »Krankheit Europas«. »Da sieht man«, heißt es in dem so betitelten Buch, »was es bedeutet, dass das Christentum ein paar Jahrhunderte geschlafen hat. Da erfährt man so recht, dass das Christentum in einer so stark belagerten Festung eingeschlossen ist, dass es befreit werden kann nur, wenn es ihm gelingt, im Zentrum des feindlichen Lagers aufzutauchen.«[26] Das feindliche Lager, das ist die moderne Wissenschaft, die dem Aberglauben huldigt, dass alle körperlich sichtbaren Erscheinungen aus materiellen Ursachen zu erklären wären, wobei das »Psychische«, das in dieser Wissenschaft inzwischen hoffähig geworden ist, im Grunde auch als eine körperliche Erscheinung angesehen wird. Da, also »im Zentrum dieses feindlichen Lagers«, müsste die Kirche auftauchen. Und vor diese Aufgabe sieht sich insbesondere der moderne Arzt gestellt. Er »steht vor den Dogmen der Kirche, das Gesicht ihnen zugewandt, weil er ohne sie dem Dogmatismus der modernen Wissenschaft nicht gewachsen wäre«, und er »steht vor den Dogmen der Kirche, den Rücken ihnen zugekehrt, um für sein Teil ihnen den Weg zu zeigen, wo sie zu lebendigem Wasser werden können, und das Geistliche zum Natürlichen wird«.[27]

Diese ärztliche Diagnose könnte für Theologie und Kirche überaus heilsam sein. Wie aber, wenn hier eine Glaubensvorstellung herrscht, die eben dies verhindert, dass das Geistliche natürlich, dass die geglaubte Wahrheit leibhaftig wird? Das ist die Frage, die, wie wir noch sehen werden, Paul Schütz umgetrieben hat und der er mit der ihm eigenen bohrenden Leidenschaft nachgegangen ist. Denn er findet einen solchen Glauben im Schwange – besonders in der protestantischen Theologie. Der radikale Glaube duldet keine leibhaftige Wirklichkeit hinter oder neben sich, er schwebt nach Kierkegaards verwegenem Wort »70.000 Faden über dem Meeresgrund«. Das geglaubte »Wort Gottes« hinterlässt bei seinem Einschlag in die Welt nur einen Krater – so hat das Karl Barth einmal zum Ausdruck gebracht. – Der Arzt, der bei Theologie und Kirche Hilfe gegen den Dogmatismus der Wissenschaft und für die Deutung der Phänomene sucht, mit denen er es zu tun bekommt, wird da enttäuscht. Er muss erkennen, »dass die naturwissenschaftliche Medizin die Seele nicht erreicht, und dass auf der anderen

---

[25] Kütemeyer in seinem Nachwort zu Kierkegaard (1955), S. 94.
[26] Kütemeyer (1951), S. 71.
[27] Ebd., S. 100 f.

Seite die Theologie, Religionsausübung und moralische Belehrung den Leib nicht erreichen«, und solange das so ist; »solange also behelfen wir uns mit der Psychologie«[28], schreibt Weizsäcker.

Das Gespräch der naturwissenschaftlichen Medizin mit der Psychologie bzw. Psychotherapie war also für Weizsäcker nur ein Notbehelf. – Aus diesem Gespräch hat sich inzwischen die sog. »psychosomatische« medizinische Praxis entwickelt, die in vielfältigen Formen angeboten wird. Das ist sicher ein Fortschritt. Aber was in der »Anthropologischen Medizin« Viktor Weizsäckers angestrebt wird, ist mehr. Es ist das Gespräch zwischen Medizin und Theologie bzw. Religion und Moral, in dem – wie in jedem wirklichen Gespräch – eine neue Wirklichkeit geschaffen wird, eine neue Gestalt der Medizin ebenso wie der Theologie, und damit eben auch eine neue, andere Gestalt von Kirche und Glauben. – Zu solch einem Gespräch kam es in den 60er-Jahren zwischen Von-Weizsäcker-Schülern und Paul Schütz. Aber da dieser ein ebensolcher »Outsider« in der Theologie war wie Weizsäcker in der Medizin, blieb diese Begegnung zunächst ohne weiterreichende Folgen.

Literaturverzeichnis

– VON WEIZSÄCKER, VIKTOR (1933/1986): *Körpergeschehen und Neurose. Analytische Studie über somatische Symptombildungen.* In: Ders.: Gesammelte Schriften, Band 6, Frankfurt am Main: Suhrkamp 1986, S. 119–238.

– DERS. (1940/1996): *Der Gestaltkreis. Theorie der Einheit von Wahrnehmen und Bewegen.* 6., unveränderte Auflage (1940, erschienen: Leipzig: Thieme), Stuttgart [u. a.]: Thieme, 1996.

– DERS. (1941/1949): *Arzt und Kranker.* 3., verm. Auflage (11941, erschienen: Leipzig: Koehler & Amelang, c), Stuttgart: Koehler, 1949.

– DERS. (1949): *Begegnungen und Entscheidungen.* Stuttgart: Koehler, 1949.

– DERS. (1950): *Diesseits und jenseits der Medizin.* 2. Auflage (Erstauflage unbekannt), Stuttgart: Koehler, 1950.

– DERS. (1954): *Natur und Geist. Erinnerungen eines Arztes.* Göttingen: Vandenhoeck & Ruprecht, 1954.

– DERS. (1956): *Am Anfang schuf Gott Himmel und Erde. Grundfragen der Naturphilosophie.* Göttingen: Vandenhoeck & Ruprecht, 1956.

– DERS. (1950/1956): *Pathosophie.* (Dieses Buch wurde 1950/51 geschrieben. Für den Druck durchges. 1955 von Hellmut Beele.) Göttingen: Vandenhoeck & Ruprecht, 1956.

In vorliegendem Kapitel zu Viktor von Weizsäcker werden außerdem folgende Werke zitiert:

---

[28] Von Weizsäcker (1987d), S. 384.

– Ders. (1986a): *Begegnungen und Entscheidungen – Nach dem ersten Weltkrieg.* In: Ders.: Natur und Geist. Begegnungen und Entscheidungen. Gesammelte Schriften, Bd. I, Frankfurt am Main: Suhrkamp, 1986, S. 195–220.

– Ders. (1986b): *Moralisch-Anthropologisches.* In: Ders.: Natur und Geist. Begegnungen und Entscheidungen. Gesammelte Schriften, Bd. I, Frankfurt am Main: Suhrkamp, 1986, S. 359–402.

– Ders. (1987a): *Der Arzt und der Kranke.* In: Ders.: Der Arzt und der Kranke. Stücke einer medizinischen Anthropologie. Gesammelte Schriften, Bd. V, Frankfurt am Main: Suhrkamp, 1987, S. 9–26.

– Ders. (1987b): *Die Schmerzen.* In: Ders.: Der Arzt und der Kranke. Stücke einer medizinischen Anthropologie. Gesammelte Schriften, Bd. V, Frankfurt am Main: Suhrkamp, 1987, S. 27–47.

– Ders. (1987c): *Grundfragen Medizinischer Anthropologie.* In: Ders.: Allgemeine Medizin. Grundfragen medizinischer Anthropologie. Gesammelte Schriften, Bd. VII, Frankfurt am Main: Suhrkamp, 1987, S. 255–282.

– Ders. (1987d): *Meines Lebens hauptsächliches Bemühen.* In: Ders.: Allgemeine Medizin. Grundfragen medizinischer Anthropologie. Gesammelte Schriften, Bd. VII, Frankfurt am Main: Suhrkamp, 1987, S. 372–393.

– Ders. (1997): *Der Gestaltkreis. Theorie der Einheit von Wahrnehmen und Bewegen.* In: Ders.: Der Gestaltkreis. Theorie der Einheit von Wahrnehmen und Bewegen. Gesammelte Schriften, Bd. IV, Frankfurt am Main: Suhrkamp, 1997, S. 83–338.

Des Weiteren werden folgende Titel zitiert:

– Kierkegaard, Sören (1955): Christliche Reden. Übersetzt und mit einem Nachw. hrsg. von Wilhelm Kütemeyer, Göttingen: Vandenhoeck & Ruprecht, 1955.

– *Kütemeyer, Wilhelm* (1951): Die Krankheit Europas. 1.–3. Auflage, Berlin [u. a.]: Suhrkamp, 1951.

– *Rosenzweig, Franz* (1982): Das neue Denken. In: Ders.: Franz Rosenzweig: Der Mensch und sein Werk. Gesammelte Schriften III: Zweistromland. Kleinere Schriften zu Glauben und Denken, herausgegeben von Reinhold und Annemarie Mayer. Dordrecht: Springer, 1984, S. 139–162.

– Schütz, Paul (1963b): Freiheit, Hoffnung, Prophetie: von der Gegenwärtigkeit des Zukünftigen. Gesammelte Werke, Band III, herausgegeben von Hans F. Bürki. Hamburg [u. a.]: Furche-Verlag, 1963.

II. Paul Schütz[29]

Lebensdaten

1891   Geb. am 21. Januar in Berlin als Sohn des Methodisten-Predigers Wilhelm Michael Schütz und seiner Ehefrau Martha, geb. Gönninger

1910–12   Studium in Berlin: Theologie, Philosophie und Kunstgeschichte

1913–14   Weiterstudium in Jena bei dem Philosophen Rudolf Eucken mit abschließender Promotion

1914–18   Kriegsteilnahme erst als Kanonier, dann als Artillerie-Offizier in Frankreich

1919   Inspektor am Johannesstift in Berlin-Spandau; im Spätjahr: Studienleiter am Theologenkonvikt der Domgemeinde in Halle

1922   Lizenziaten-Dissertation bei Ferdinand Kattenbusch

1923   Verheiratung mit der Künstlerin Johanna Wolff

1924   Hilfspfarrer in Merseburg und Neutz

1925–40   Pfarrer in Schwabendorf (b. Marburg)

1926   Berufung zum Direktor der »Doktor Lepsius-Orient-Mission«

1928   Inspektionsreise im Auftrag der »Orient-Mission« in den Vorderen Orient: Ägypten, Palästina, Syrien, Irak und Iran Nach der Rückkehr: Versuch der Neugestaltung des Missionswerks und seiner Zeitschrift »Der Orient«; als das misslingt: Rücktritt als Missionsdirektor

1929   Gründung der Zeitschrift »Orient und Okzident« mit Fritz Lieb

1930–37   Privatdozent für »Theologische Ethik« in Gießen

1940   Berufung zum Hauptpastor an St. Nikolai in Hamburg

1941–45   Offizier beim Luftwaffenstab in Deutschland und Russland

1946   Rückkehr nach Hamburg

1952   Denkschrift »Zur Kritik der reformatorischen Grundlagen« 19. März: Dissensus-Erklärung an den Hamburgischen Landeskirchenrat Auf 1. Mai: Versetzung in den vorzeitigen Ruhestand

1953   Verstorben am 27. Juli in Söcking

---

[29] Vgl. dazu Kremers (1989).

Hauptwerke

– *Zwischen Nil und Kaukasus: ein Reisebericht zur religionspolitischen Lage im Orient.* 1930
– *Saekulare Religion: eine Studie über ihre Erscheinung in der Gegenwart und ihre Idee bei Schleiermacher und Blumhardt.* 1932
– *Das Evangelium: dem Menschen unserer Zeit dargestellt.* 1940.
– *Das Mysterium der Geschichte – Eine Meditation der Christus-Apokalypse.* 1950
– *Parusia – Hoffnung und Prophetie.* 1960
– *Charisma Hoffnung. Von der Zukunft der Welt.* 1962
– *Die Kunst des Bibellesens. Verlust und Wiedergewinnung des biblischen Maßstabes.* 1964

1. Die Suche nach der Wirklichkeit

Wie bei von Weizsäcker begann auch bei Schütz die Suche nach neuen Wegen für Theologie und Kirche nach dem Ersten Weltkrieg. Vielleicht war die Erschütterung durch das Erleben dieses Krieges für ihn noch tiefer und existenzieller. Denn er nahm als Kriegsfreiwilliger an den mörderischen Kämpfen um Langemarck und Ypern teil und stand danach bis ans Kriegsende als Artillerieoffizier an der Front. An der Wirklichkeit, der er da begegnete, zerbrach sowohl sein romantisch-idealistisches Weltbild als auch sein christlicher Glaube. »Ich bin aus dem Krieg als Antichrist zurückgekommen«[30], schrieb er. Wenn es »das gibt«, was er da gesehen und erlebt hatte, dann konnte es den Gott nicht geben, an den er bisher geglaubt hatte. Zunächst versuchte er, die Situation denkerisch zu bewältigen, indem er sein Philosophie- und Theologiestudium wieder aufnahm. Aber das misslang. Weder die Philosophie noch die Theologie gab ihm den Boden unter die Füße, von dem aus er die Wirklichkeit, die ihm und seiner Generation, wie er schrieb, »mit Stecken auf den Leib gezüchtigt wurde«, hätte bewältigen können. Auch die damals mächtig aufkommende »dialektische Theologie«, die vielen anderen Theologen nach dem Krieg wieder Grund und Halt für ihren Glauben gab, vermochte ihn nicht zu befriedigen. Denn, so schrieb er in sein Tagebuch, »es genügt nicht, wenn man wie Barth und einige die alten heiligen Gefäße in einer glücklichen Eingebung mit expressionistischen Farben rücksichtslos übermalt. Deshalb ist noch immer nicht das Wasser

---

[30] Schütz (1969), S. 58.

des Lebens darin, welches wir brauchen und welches wir nehmen werden, woher es kommt, auf dass wir nicht sterben. Es wird beim Anschauen und Bewundern bleiben und dann werden wir weiter gehen. Denn unsere Not ist viel zu groß und unsere Sehnsucht zu tief nach letzter, unbedingter Wirklichkeit, die mit unausweichlicher Gewalt des ganz Notwendigen uns überwältigt, als dass mit dem Fremden, Erborgten und Vergangenen uns geholfen wäre. Ich sehe Spuren von Menschen daran, und ich will endlich und allein die Spur Gottes sehen.«[31]

Und diese aus der persönlichen inneren Auseinandersetzung erwachsene Sicht der »dialektischen Theologie« als »expressionistisches Übermalen der heiligen Gefäße« schien sich ihm später in seiner Bauerngemeinde zu bestätigen. Er erlebte dort, »dass solche Künste keine Speise schufen für die schweren, schlichten Männer meiner Gemeinde, die von früh morgens bis spät abends mit der Axt im Walde standen oder über die klumpige Erde ihrer Äcker stampften. Immer wieder, wenn ich so eine breite, hornige Hand stumm in der meinen fühlte, stieg in mir die Frage auf: ist diese ganze Theologie am Ende etwa nur der Versuch des christlichen Intellekts, seine mit Gott in Unordnung geratene Rechnung um jeden Preis wieder stimmig zu machen? Ist sie eigentlich nur noch ein intellektueller Selbstrettungsversuch?«[32]

Worum geht es bei diesem intellektuellen Selbstrettungsversuch? Das hat Paul Schütz am Denken Sören Kierkegaards, der ja der Vater aller christlichen Existenzdialektik genannt werden kann, klarzumachen versucht. Er hat sich sehr wenig mit dem Denken Karl Barths selbst befasst und ist diesem darum auch sicher nicht gerecht geworden. Aber darum ging es ihm auch nicht. Er war wie ein Verdurstender, der nach Wasser suchte und es bei dieser theologischen Quelle nicht fand. Warum nicht? Er bohrte in die Tiefe, um das zu ergründen, und stieß dabei auf die Existenzdialektik Kierkegaards, die den Wasserzufluss blockierte. Mit ihm, diesem großen religiösen Genius, der zu einer Art Kirchenvater des 20. Jahrhunderts geworden ist, hat Schütz darum sein Leben lang gerungen – oft bis zur seelischen und körperlichen Erschöpfung. An seinen Freund, den Dichter Hans Schwarz, schrieb er einmal: »Ich habe mit Kierkegaard gekämpft, sozusagen mit entblößtem Kopf, voll Respekt den Hut ständig gezogen, und doch auf Leben und Tod ... Vielleicht werden Sie verstehen, dass man nach dem Gang durch

---

[31] Ders. (1921a).
[32] Ders. (1969), S. 192 f.

ein solches Purgatorium nicht mehr denken kann wie vorher. Auch der Hut in der Hand ist einem mitverbrannt.«[33]

Wo liegt der Fehler? Was ist falsch an dieser »Existenzdialektik«? Das versuchte Schütz in der umfassenden, bohrenden und erregenden Auseinandersetzung mit Kierkegaard zu zeigen, die in der Mitte seines Hauptwerks, der »Parusia«, steht unter der Überschrift »Die Schlüsselposition Kierkegaards«. Kierkegaard hat die protestantische Rechtfertigungslehre denkerisch auf die Spitze getrieben. Dass der Mensch allein aus Gnade gerecht werden kann, das bedeutet nach ihm: An sich ist er von Gott *absolut* geschieden. Es besteht, wie Kierkegaard das nennt, ein »absoluter, qualitativer Unterschied« zwischen Gott und Mensch. Von sich aus kann der Mensch Gott nicht erreichen – weder mit seinen Werken noch mit seinen Gedanken noch mit seinen Gefühlen. Durch einen unüberbrückbaren Abgrund ist er von Gott geschieden. Weil der Mensch aber von seinem Ursprung her auf Gott angelegt ist, erzeugt dieser Zustand bei ihm dauernde Unruhe und Angst. In der Begegnung mit Jesus Christus, dem einzigen Menschen, in dem dieser Abgrund überwunden wurde, steigert sich diese Unruhe zur »Krankheit zum Tode«. Der Mensch erkennt nun, dass er von Gott geschieden und darum zum Untergang verurteilt ist, und das führt ihn in die Verzweiflung. Nur indem er diese Verzweiflung bejaht, indem er seine totale Verlorenheit vor Gott erkennt und annimmt, indem es zu seiner »Selbstvernichtigung« kommt, kann er gerettet werden. Die »Krankheit zum Tode«, indem sie angenommen und bejaht wird, schlägt um in Leben – »kraft des Absurden«. Das ist die »Dialektik«, mit der Kierkegaard allen frommen und theologischen Vermittlungsversuchen zwischen Gott und Mensch, die er in seiner Zeit und Kirche zu beobachten meinte, entgegentrat und mit der nach seiner Meinung zugleich der Abgrund zwischen Gott und Mensch im »Sprung des Glaubens« überwunden wird.

Wird so, auf diese dialektische Weise, das christliche Heil wirklich in der Welt? Das ist die Frage, die Schütz umgetrieben, mit der er immer wieder gerungen hat. Und er kam zum Ergebnis: Nein! Das entspricht weder der eigenen Glaubenserfahrung noch dem biblischen Zeugnis. Diese Dialektik beschreibt das menschliche Leben nicht, wie es ist, sondern wird ihm aufgesetzt. »Man muss Kierkegaard ernstnehmen«, schreibt er. »Man muss seine Voraussetzung annehmen, dass die Existenz selber dialektisch sei,

---

[33] Ders. (1960a).

nur dialektisch gelebt werden könne, um zu erfahren, dass die Existenz weder dialektisch ist noch sich Dialektik aufpressen lässt.«[34] Der Sprung in eine andere Existenz, der durch die »Krankheit zum Tode« hervorgemartert werden soll, erweist sich als realiter nicht vollziehbar. Schon Kierkegaard selbst hat das geahnt. Seiner unbestechlichen Ehrlichkeit gegen sich selbst ist es nicht entgangen, dass er das Christliche wohl zu denken aber nicht zu verwirklichen vermochte. Daraus erwuchs seine unstillbare Schwermut, die er seine »treuste Geliebte« genannt hat.

Wo liegt der Fehler? Diese ganze Dialektik findet im Denken statt – und nur im Denken. »Nur der Gedanke springt, er springt in unendlicher Reflexion. Er springt ins grenzenlos Leere.«[35] Die Kierkegaard'sche Dialektik ist eine Fiktion. »Alles ist gedacht, nur gedacht! Dieser ›Einzelne‹ ist nicht der wirkliche Mensch und dieser andere ist nicht der wirkliche Gott.«[36] Wie kommt es zu dieser Fiktion? Sie ist eine »Ausgedachtheit der Angst«. »Vom verzweifelt Einsamen her gedacht ergibt sich eben nur der dialektische Aspekt des unendlichen qualitativen Unterschieds. Das qualitativ Andere ist eine Rückspiegelung der Verzweiflung im Spiegel des Bewusstseins.«[37] D. h., der Mensch, der sich in die totale Einsamkeit hineinreflektiert hat, der sich so aus dem Lebenszusammenhang von Natur und Geschichte, von politischer und kirchlicher Gemeinschaft herausgelöst hat, erfährt nur seine Verlorenheit und damit Gott als den »ganz Anderen«, von dem er total geschieden ist. Dass diese Scheidung dann »im Sprung des Glaubens« überwunden werden kann, ist ein gedanklicher Trick, der keine Wirklichkeit hat.

Der Fehler dieser Dialektik liegt in ihrer Grundvoraussetzung, in dem Gedanken des »absoluten qualitativen Unterschieds« zwischen Mensch und Gott. Dieser Gedanke entspricht weder dem Zeugnis der Bibel noch der realen Glaubenserfahrung, In der Bibel herrscht nicht diese Dialektik, sondern der Dialog. »Das Gespräch zwischen Gott und Mensch, das in der Bibel vor sich geht, vollzieht sich im Offenen der Freiheit. Da ist auch der Mensch ein wirkliches Gegenüber zu Gott … Wie tief auch immer der Riss klafft – die Welt ist Gottes Schöpfung und in ihr der einzelne Gottes Geschöpf. Durch Geschöpflichkeit gehören beide unlösbar zusammen.«[38]

---

34 Ders. (1963), S. 199.
35 Ebd., S. 193.
36 Ebd., S. 200.
37 Ebd., S. 217.
38 Ebd., S. 191.

Diese Geschöpflichkeit ist für den Menschen auch erfahrbar, solange er in dem großen Zusammenhang von Natur und Geschichte, von familiärer und öffentlicher Gemeinschaft lebt und sich nicht daraus hinausreflektiert. Die sog. »natürliche Theologie«, in der diese Erfahrungen zur Sprache kommen, ist darum für Schütz nicht nur möglich, sondern notwendig, wenn die Theologie nicht zu abstrakter Reflexion verkommen soll. »In der natürlichen Theologie«, so schreibt er, »ist der Theologie ein Stück Erde und erdhafter Logos mitgegeben, wie sie nur das geschöpflich Vorgegebene besitzt. Sie ist Aufbau und Wirkstoff, ohne die die Theologie kein Fleisch hat.« Das gilt es wieder zu erkennen, wenn die Theologie gesunden soll; denn »nicht darin ist die Erkenntnis der Wahrheit krank, dass in ihr natürliche Religion mitspricht, sie ist vielmehr darin krank, dass sie dieses Mitsprechen leugnet.«[39]

Die »Existenz-Dialektik« Kierkegaards ist auf dem Boden des Protestantismus erwachsen. Dass sie nur auf diesem Boden erwachsen konnte und dass sich darin eine gefährliche Tendenz vollendet, die schon im reformatorischen Ursprung angelegt ist, das ging Schütz erst nach dem Zweiten Weltkrieg auf, als er es in Hamburg mit dem lutherischen Konfessionalismus zu tun bekam. Er war schon 1941 dort als Hauptpastor an St. Nikolai gewählt worden. Aber da er bald darauf als Offizier zur Wehrmacht kam, trat er seinen Dienst dort richtig erst 1946 an. Wie in allen deutschen Landeskirchen geschah der Wiederaufbau auch in Hamburg im Zeichen der Rückkehr zum reformatorischen, in dem Fall zum lutherischen, Bekenntnis. Das beobachtete Schütz von Anfang an mit Misstrauen. Es schien ihm vom rein restaurativen Denken bestimmt, das nur der Wahrung kirchlicher Besitzstände, geistiger und materieller, dienen sollte. Dadurch aber blieb sie den Menschen der Zeit eine Antwort auf ihre in diesem Krieg verstärkt aufgebrochene existenzielle Frage nach der Wirklichkeit Gottes in der Welt schuldig. »Die Luft war ›dick‹ geworden über einem ganzen Kontinent vom millionenfachen Aufschrei der zu Tode gepeinigten Kreaturen: der verwundeten und sterbenden Soldaten, der Gefolterten in den Kellern der geheimen Dienste, der Massakrierten, der Gehängten, der Vergasten, der Legionen Geschändeter, Verlassener und Betrogener; dick geworden von dem Aufschrei: ›Wo bist du, Gott?‹« So schrieb Schütz 1946 in der nach dem Krieg erschienen Neuauflage von »Warum ich noch ein Christ bin«[40], und fügt

[39] Ebd., S. 198.
[40] Ders. (1969), S. 25.

dem später hinzu: »Wenn dieser Mensch sich überhaupt noch etwas fragt, so dies, wie er in dieser Lage noch Mensch bleibt. Das ist die vordringliche Frage, nicht die nach der Vergebung der Sünde [...] Das Leid steht in seiner Untragbarkeit in keinem Verhältnis mehr zur Schuld des Menschen.« So kommt es, »dass diesen Menschen das Versöhnungsprivatissimum zwischen Gott und der Seele«, das im Zentrum der reformatorischen Lehre steht, »nicht mehr erreicht«.[41]

Darin aber zeigt sich ein schweres Manko dieser Lehre. Wie von Weizsäcker, so erkennt auch Schütz dieses Manko in ihrem Grundprinzip, im »sola fide«, allein durch den Glauben. So wichtig und notwendig dies protestantische Prinzip im »Versöhnungsprivatissimum zwischen Seele und Gott« und überhaupt in der Abwehr aller Werkgerechtigkeit ist, so verhängnisvoll ist es, sie zum Grundprinzip der Kirchenlehre zu machen. Denn damit wird ein Teilaspekt für das Ganze gesetzt, und das führt dazu, dass dies Ganze, die Wirklichkeit des göttlichen Heils in der Welt, außer Sicht gerät. Das wird Schütz in Hamburg immer klarer. 1948 schrieb er in sein Tagebuch: »Dieses ›Allein‹ schließt das Fleisch aus, auf das der Geist ausgegossen wird, den Acker der Welt, der den Samen des Himmelreichs mütterlich umschließt.« Und später heißt es dann: »Sola, das ist ein Messer, das das Herz herausoperiert aus dem Leib mit all seinen Diensten, geringen und hohen, einleuchtenden und verborgenen … das Herz herausoperiert, um es zu retten … Das ist sein Tod geworden.«[42] Herz und Leib, Samen und Acker – beides gehört zusammen. Der Acker ist die Welt, der Same das Wort Gottes, beides muss zusammenwirken, wenn das Reich Gottes Wirklichkeit werden soll auf Erden.

Durch diese Erkenntnis geriet Schütz in einen immer größeren Zwiespalt. Auf der einen Seite musste er in der hamburgischen Kirche predigen, Kandidaten auf den Dienst in ihr vorbereiten, Prüfungen abnehmen, in denen die Bekenntnisgrundlage dieser Kirche natürlich eine wichtige Rolle spielte. Auf der anderen Seite merkte er, wie er sich selbst immer mehr von dieser Grundlage und damit aus dieser Kirche entfernte. Aufgrund dieses Zwiespalts verfasste er dann eine Denkschrift mit dem Titel »Zur Kritik der reformatorischen Grundlagen« und reichte sie seiner Kirchenleitung ein. Darin erhob er Widerspruch gegen das dreifache »Sola«, das dreifache

---

[41] Ders. (1963), S. 179 f.
[42] Ders. (1948).

»Allein«, der Reformation, d. h. gegen die Lehre von der Offenbarung der Wahrheit *allein* durch die Schrift, von der Rettung des Menschen *allein* durch Christus, von seiner Rechtfertigung *allein* durch den Glauben. Er erhebt dagegen Widerspruch, »weil diese drei Merkmale des reformatorischen Bekenntnisses ... nicht den Vollgehalt der göttlichen Wahrheit enthalten, dass sie vielmehr den Teil für das Ganze setzen.«[43] Daraus folgt, wie Schütz in dieser Schrift ausführt, eine verhängnisvolle Einengung und Verkürzung des biblischen Zeugnisses. Die Fülle des Heils, die in der Bibel zur Sprache kommt, wird eingeengt auf die Rettung des Sünders. Weil der grelle theologische Scheinwerfer auf das besondere Geschehen der Rechtfertigung des einzelnen Sünders gerichtet wird, versinken Ursprung und Vollendung der Welt im Dunkel, werden zumindest unterbelichtet. »Dass das Heil ein universales ist, dass der Schöpfer seine Schöpfung liebt, und dass er um der Welt willen seinen Sohn gab, nicht aber um der Sünder willen, davon ist in Luthers Erklärungen zum Credo nirgends die Rede.«[44] Entscheidend wird die Frage: Wie bekomme *ich* einen gnädigen Gott? So steht der Protestantismus immer in Gefahr, zu einer individuellen Erlösungsreligion zu verkommen. Die Welt, die menschliche Gemeinschaft, ihre Kultur und Wissenschaft bleiben außen vor, werden profan und ihrem Schicksal überlassen. Das aber gibt dieser Erlösung selbst etwas Fiktives. »Der Mensch-sola-fide ist fingiert als weltloser und also geschichtsloser Mensch. Er ist ein Als-ob-Mensch. Der konkrete Mensch aber [...] ist als Werke verrichtendes Wesen erschaffen. Er kann nicht anders existieren als im Werk«, das gilt »in so ausschließlicher Weise, dass selbst die Gnade nur in der Gestalt des menschlichen Werks zu erscheinen vermag.«[45] Und dass die Gnade Gottes nicht nur gepredigt und geglaubt wird, dass sie *erscheint,* d. h. Gestalt gewinnt, darauf kommt bei Schütz alles an. Das allein führt aus dem bloß Gedachten ins Geschaute und Erfahrene. Das allein gibt Boden unter die Füße.

2. Der Trost der Kreatur

Wie hat nun Paul Schütz selbst in all diesen inneren Kämpfen Boden unter die Füße bekommen? Darauf muss man als Erstes antworten: durch den Trost der Kreatur. Als Erstes, nicht als Einziges! Wir werden noch sehen, dass ihm von daher auch das biblische Wort neu aufleuchtete. Aber zu-

[43] Ders. (1963), S. 13.
[44] Ders. (1963), S. 18 f.
[45] Ebd., S. 19 f.

nächst ist es die Hinwendung zum kreatürlichen Sein, aus der ihm Kraft und Heilung zuströmte. Schon in der existenziellen Krise nach dem Ersten Weltkrieg erlebte er das. Er wurde da, wie er in seinem Tagebuch schreibt, »von dem fürchterlichen Gedankenfraß« dadurch geheilt, dass er sich dem »ganz demütigen, einfachen, selbstverständlichen Sein in der großen Lebensgemeinschaft« zuwandte, mit der »Freude am Körper, Tapferkeit im Leiden, starken Innigkeit der Gemeinschaft mit den anderen«. Und er fährt dann fort: »Leider hat die christliche Religion für dies ganz Elementare keine ursprüngliche Form. Wo sich meine Daseinsfreude unmittelbar äußert, nimmt sie von selbst heidnische Formen an.«[46] Wohl mit aufgrund dieser Erfahrung gibt er die ursprünglich angestrebte akademische Laufbahn auf und wird Pfarrer in der kleinen Waldbauerngemeinde Schwabendorf. Wie Viktor von Weizsäcker wendet er sich also von der akademischen Wissenschaft mit ihrer »freischwebenden Geistigkeit« ab und sucht die unmittelbare Begegnung mit den Menschen. »Mein Eindruck, den ich im Anfang hatte, und der mich hier vor allem heimisch werden ließ«, schrieb er, »war, dass es echte Menschen waren, mit aller Abgründigkeit der Kreatur … dass gerade hier auf diesem dunklen, ungebärdigen, starken und echten Fleisch Christus aufleuchtete, das war das Ausschlaggebende.«[47]

Nicht vom Wort der Schrift also, das Luther in seinen Klosterkämpfen die große Befreiung brachte, sondern von der Begegnung mit dem kreatürlichen Leben geht hier die Rettung und Heilung aus. Wie kommt das? Die Situation ist eine andere. Der Mensch des 20. Jahrhunderts wird nicht mehr umgetrieben von seiner Sünde, sondern von seiner Nichtigkeit, von der absoluten Verlassenheit in den Stürmen der Weltgeschichte und im grenzenlos leeren Weltraum. »So umgekehrt, so auf das andere Ende gestellt, ist seine Lage vierhundert Jahre später, dass er sagen kann: Hätten mich die Kreaturen nicht getröstet, die Liebe eines Weibes, das Sternbild des Orion, das Lied der Amsel in grauer Frühe – ich wäre kein Christ mehr.«[48] Wieso die Kreaturen? Sind sie nicht ebenso nichtig, ebenso vergänglich, Leiden und Tod unterworfen wie wir selbst? Ja, gewiss – aber da ist noch etwas anderes. Da erscheint auch eine Schönheit, eine Süße des Daseins, eine Geborgenheit, die das Herz unmittelbar anrührt, und es gibt da auch die Erfahrung des Gehaltenseins über den Abgründen der Welt und des eigenen Lebens. Man

[46] Ders. (1921b).
[47] Ders. (1969), S. 79 f.
[48] Ders. (1963), S. 180.

kann das nicht begreifen, aber man kann davon ergriffen werden – und das eben ist der Trost der Kreatur.

Paul Schütz hat dem in besonderer Weise nachgedacht, als er nach den schweren inneren und äußeren Kämpfen in Hamburg, die zu seiner vorzeitigen Pensionierung geführt haben, in Tessin Erholung suchte. Dort befasste er sich weniger mit der Bibel als mit der antiken Tragödie »Ödipus auf Kolonos«. Er konnte sich in dem blinden Greis, der im heiligen Hain des Apollo Frieden suchte, wohl selbst etwas wiederfinden. Von Ödipus geht Trost aus. Es ist nicht der Trost durch die Schönheit der Kreatur, durch die Süße des Daseins, sondern im Erleiden ihres Zwiespalts, im Ertragen des Unerträglichen. »Ödipus ist die leidende Kreatur, dies und sonst nichts.«[49] Eben dies pure Erleiden der grausamen Wirklichkeit hat etwas Heilsames an sich. »Leiden ist zugleich Getragensein. Gerade im Leiden kommt dies Wunder zur Erscheinung: Dennoch da zu sein! Schier noch und doch nicht ›hin‹ zu sein. Wie die schwarzen Fluten ineinander branden – sie tragen! Diese Wahrheit wird in Ödipus auf Kolonos bezeugt. Wir sind bewahrter als wir glauben.«[50]

Warum hat Schütz diesen Trost im Leiden bei Ödipus gesucht und nicht bei Christus, in seinem Leidensweg und Gang ans Kreuz? Vermutlich darum nicht, weil ihm aufging, dass die Erfahrung des Gehaltenseins im Leiden nicht spezifisch christlich ist, sondern schon kreatürlich heidnisch, und weil ihm aufging, dass christliche Theologie immer in Gefahr steht, das menschliche Leid christlich zu erklären oder zu verklären: als Glaubensschule, als Opfer für die Welt, als Paradox, das den Sprung in den Glauben provozieren soll, usw. Sicher ist Leiden das alles auch, aber es ist nicht alles. Es trägt nicht angesichts des Meeres von völlig unbegreiflichem Leiden, von dem die Weltgeschichte überschwemmt ist, und endet darum oft in Trostlosigkeit und Verzweiflung. Darum muss eine hilfreiche Theologie wieder da – unten! – ansetzen, beim völlig unbegreiflichen Leiden der Kreatur und der darin gesammelten Erfahrung des Gehaltenseins über dem Abgrund. Beides kann nicht erklärt werden, es ist nicht verstehbar, aber wirklich. Die antike Tragödie stellt das vor Augen, sie ist »tragisches Wahrheitsurbild der Kreatur Mensch«[51].

[49] Ders. (1971), S. 26.
[50] Ebd., S. 20.
[51] Ebd., S. 51.

Als solches tritt in ihr auch das Heilende, Rettende, das in allen Bedrängnissen der Kreatur Mensch auch vorhanden ist, zutage. Bei Sophokles geschieht das in der Gestalt der Antigone. Wie sie ihrem blinden und von allen verstoßenen Vater Ödipus zur Seite steht und wie sie den vom Vater verstoßenen, vom eigenen Bruder getöteten, vom Landesherrn Kreon zum Volksfeind erklärten Bruder Polyneikes bestattet und dabei ihr eigenes Leben aufs Spiel setzt und verliert – das ist ein ergreifendes Zeichen der kreatürlichen Liebe, das in Antigones wunderbarem Wort gipfelt: »Nicht mit zu hassen, mit zu lieben bin ich da!« Schütz schreibt dazu: »Oh, die Genauigkeit der Liebe, die vom Leib her zum Leib hin liebt, zur Kreatur hin und von ihr her, die im Stoffe körpert, nicht kennend die platonische Idee, sondern die Linie des Blutes, nicht kennend das ›vornehmste Gebot‹, nicht kennend Eros und Agape, nicht kennend die unendliche sokratische Reflexion, nur dies eine: nackt und jetzt hier zur Stelle sein.«[52]

Immer wieder verfiel die christlich-theologische Reflexion der Versuchung, diese kreatürliche Nächstenliebe abzuwerten als »bloß« menschlich, diesseitig, sinnlich, um vor diesem dunklen Hintergrund die christliche Nächstenliebe umso leuchtender abzuheben. Aber nur in der Reflexion ist das möglich, in der Wirklichkeit nicht. Da ist vielmehr gerade das die tröstliche Erfahrung, dass in diesem Ursprünglich-Kreatürlichen Gott schon anwesend ist, ante Christum ebenso wie post Christum. Die Offenbarung in Christus bringt das nur an den Tag, indem Gott selbst dies Kreatürliche aufnimmt und zur Vollendung führt. Die abendländische Theologie hat dies Geheimnis der Kreatur immer mehr aus dem Auge verloren. Verführt von Sokrates und seinen philosophischen Nachfolgern, hat sie sich ins gedachte Reich des Geistes, der Ideen, verloren. Das Reich der Natur wurde so zum bloßen Schatten der Ideen – wie bei Plato – oder zu einem Prozess, einer Bewegung vom Göttlichen her zum Göttlichen hin, wobei das Göttliche eben der reine Geist war – so bei Aristoteles. In der Neuzeit wurde dann in dialektischem Umschlag dazu die völlige Abwesenheit bzw. Verborgenheit Gottes in der kreatürlichen Welt behauptet. Darum schreibt Schütz: »Die eigentümliche Gottlosigkeit der modernen Welt kündigt sich in der epochalen Wendung zur *Sokratik* an.«[53]

---

[52] Ebd., S. 26.
[53] Ebd., S. 34.

3. Die Neuentdeckung der Bibel

Auf diesem Hintergrund – auf dem Hintergrund der kreatürlichen Existenz – ging Schütz das Geheimnis der Bibel neu auf. »Nur in dem Raum, wo Fleisch und Blut wohnen, beginnt das Evangelium zu klingen und unser Lebenswort zu werden. … Der Weg führt auf der Erde entlang, und nur das ist ehrlich durchschritten, was von ihm die brennenden Sohlen zu schmecken bekamen; als ein Mensch meiner Zeit, noch genauer, als ein deutscher Mensch, musste ich ihn durchschreiten für die Menschen unserer Zeit«[54], so schreibt er im Vorwort zu seiner Auslegung des Markus-Evangeliums. Denn die erlebte Wirklichkeit und die Bibel entschlüsseln sich gegenseitig. »Die Bibel ist ein Kraftfeld. Ein Impuls ist in ihr gespeichert. Erde, Welt, Existenz sucht er, um sich in sie hinein zu entladen.«[55] Und eben nur in dieser Entladung werden Kraft und Geheimnis des biblischen Worts erkennbar. Das hat Schütz erfahren, als er aus der akademischen Welt in das Pfarramt der Dorfgemeinde wechselte. Er merkte dort, dass er mit dem, was er sich in den fünfzehn Jahren an der Universität »erstudiert« hatte, bei den einfachen Waldbauern nicht ankam. Und er war selbstkritisch genug, die Schuld dafür nicht in ihrer Unbildung, sondern in seiner Bildung zu suchen. Er ging also bei diesen Bauern in die Schule. »Hier hat überhaupt erst die hohe Schule der ›Theologia‹ für mich begonnen«[56], schreibt er in dem 1937 erschienenen Büchlein »Warum ich noch ein Christ bin«, und: »Eines weiß ich heute, dass diese Männer es waren, die mich gerettet haben, indem sie einfach die Liebe zu ihnen in mir erweckten und in mir Jahr für Jahr brennender das Verlangen entzündeten, gerade ihnen das Evangelium so zu sagen, dass sie es wirklich ergriffen, dass es zu ihnen kam und Brot wurde.«[57]

Warum half ihm sein langes Theologiestudium so wenig bei dieser Aufgabe? Darum, so wurde ihm klar, weil die Theologie der Neuzeit das biblische Wort »entmächtigt« hatte. In dem 1964 erschienenen Büchlein »Die Kunst des Bibellesens«[58] ist er dieser »Entmächtigung der Bibel« in seiner tiefschürfenden Weise nachgegangen. Die Bibel wird entmächtigt einerseits durch die Tradition und andererseits durch die Kritik. Und beides hängt eng zusammen, ist begründet in der »Einweltung der Schrift«. Diese geschieht

---

[54] Ders. (1966), S. 137.
[55] Ders. (1963), S. 112.
[56] Ders. (1969), S. 72.
[57] Ebd., S. 193.
[58] Ders. (1964), heute in Ders. (1966), S. 13 ff.

durch eine »Kunst des Weglassens. Was sich nicht einbringen lässt in ›Welt‹ und ›Zeit‹ fällt – wie von selber – weg. Die Entleerung, die so entsteht, wird begründet durch wissenschaftliche Kritik, die Anpassung in einem Ethos der Weltfrömmigkeit.«[59]

Die Entmächtigung der Bibel durch die Tradition ist die besondere Versuchung der Katholischen Kirche. Die kirchliche Tradition hat an sich für Schütz eine wichtige und unaufgebbare Funktion. Sie »ist Weg und Weise der Schrift, in der Zeit zu dauern«[60], d. h., sie hat die Aufgabe, die biblische Botschaft in einer neuen Zeitsituation neu zum Klingen zu bringen. Aber sie kann eben auch zum Instrument werden, mit dem die Kirche die ihr aufgetragene Botschaft den Zeiten »anpasst«, indem Nichtpassendes, Störendes einfach weggelassen wird. Wie das geschieht, das zeigt Schütz an der auf dem Hintergrund des »Zweiten Vatikanischen Konzils« ergangenen Enzyklika von Papst Johannes XXIII. »Pacem in terris« (1963). Darin wird die Friedensverheißung des neuen Testaments brauchbar gemacht für die Bemühungen der UNO um eine Weltfriedensordnung, für »eine Konzeption von Weltfrieden und Weltgemeinschaft, die in der Luft liegt und des weltweiten Beifalls sicher ist«[61]. Das kann aber nur geschehen, indem Entscheidendes ausgelassen wird. Es wird ausgelassen, dass die Friedensverheißung des Evangeliums »nicht der Menschheit, sondern der Christusgemeinde gilt, in der Heiden und Juden zu einem Christusmenschen umgeschaffen sind (Eph. 2,14 ff.)«[62]. Und es wird ausgelassen, dass Christus *seinen* Frieden gibt, »nicht wie die Welt gibt« (Joh. 14,27), d. h., dass dieser Friede in keiner Weise politisch verwirklicht werden kann. – So wird das Evangelium dem Zeitgeist und seinen Erwartungen angepasst; so wird die Bibel entmächtigt.

Dem entspricht auf der anderen Seite die Entmächtigung durch die Kritik, durch die Anwendung der historisch-kritischen Wissenschaft auf die Bibel. Dies ist die besondere Versuchung der protestantischen Theologie. Die Anwendung der historisch-kritischen Methode auf die Bibel hat ebenso wie die kirchliche Tradition auch ihre notwendige positive Funktion. Die Texte können dadurch nicht mehr von einem kirchlichen Lehrsystem vereinnahmt und gedeutet werden. Sie erscheinen nun in ihrer »Fremdheit«,

---

[59] Ders. (1966), S. 30.
[60] Ebd., S. 29.
[61] Ebd., S. 27.
[62] Ebd., S. 28.

ihrer geschichtlichen Eigenart und Bedingtheit. »Eine skeptisch-kritische Geschichtsdisziplin«, schreibt Schütz, »ist in der Theologie von unersetzbarem Wert. Sie ist es, die in der Theologie den Geschichtscharakter der Offenbarung jeder ›Vergeistigung‹ gegenüber sichert … Ihre positive Leistung gewinnt sie, indem sie die Substanz des Historischen in ihrer spröden Stofflichkeit dem Ausleger als Ballast auf den Kiel seines Schiffes legt.«[63] D. h., diese Geschichtsdisziplin verhindert ein Ausweichen der Ausleger ins Geistige, ins Reich der Gedanken. Die Bibel verkündet nicht nur neue Gedanken, sondern bezeugt ein besonderes Geschehen. Doch nun hat die Theologie versucht, dies biblische Geschehen vom Weltbild des Historismus und seinen Normen her zu beurteilen und zu kritisieren. Mittels Textkritik meinte man unterscheiden zu können zwischen Historischem und Unhistorischem, zwischen dem historischen Jesus und dem Christus des Glaubens, zwischen den tatsächlichen Ereignissen und den späteren Deutungen der gläubigen Gemeinde … usw. So bekam man die Texte und das, was sie bezeugen, gleichsam in den Griff. Dem modernen Bewusstsein kam das sehr gelegen. Denn nun konnte man über die Texte verfügen. Man konnte unterscheiden zwischen Echtem und Unechtem, zwischen Jesusworten und späteren Deutungen, zwischen historisch Geschehenem und Mythen oder Legenden und konnte das eine annehmen, das andere ablehnen. »Das Befremdliche wird als Form ausgeklammert. Mit dem Inhalt verfährt man nach zeitgemäßen Wunschbildern.«[64] Was dann als Sinn der biblischen Überlieferung bleibt, was den »zeitgemäßen Wunschbildern« entspricht, ist eine bestimmte religiöse Sicht des Daseins in der Welt, die man plausibel und hilfreich finden kann – oder auch nicht. Und das eben ist zu wenig. Das ist die Entmächtigung des biblischen Zeugnisses, die hier geschieht. Es wird reduziert zugunsten der Deutung der menschlichen Existenz in der Welt oder zugunsten eines bestimmten menschlichen »Selbstverständnisses«.

Die Bibel aber, das geht Schütz neu auf, bezeugt ein wirkliches Geschehen und bewirkt wirkliches Geschehen. Dass dies Geschehen historisch nicht fassbar ist, spricht nicht gegen seine Wirklichkeit. Die historisch-kritische Exegese hat aus falscher Ehrfurcht vor dem historisch Fassbaren das biblische Zeugnis zu einer Deutung des Lebens reduziert. Aber die Bibel ist mehr als das: Sie ist selbst Leben und bewirkt neues Leben. Sie bezeugt und bewirkt

---

[63] Ders. (1963), S. 558.
[64] Ebd., S. 563.

die »Fleischwerdung Gottes« in der Welt. Und sie bewirkt das als Ganzes. Wer die biblischen Texte literarisch und historisch auseinandernimmt, in einzelne Teile zerlegt, zerstört alles. Denn da ist »alles ineinander verkeilt, verschmolzen, verschweißt derart, dass ein Auseinandernehmen nur tote Einzelteile in der Hand des Forschers zurücklässt«[65]. Da ist vor allem Historisches und Unhistorisches ineinander verknotet. Wenn man diesen Knoten wie weiland Alexander mit dem scharfen Schwert der historischen Kritik zerhaut, hat man wohl etwas Feststellbares in den Händen, nämlich eben ein historisches Geschehen und dessen religiöse Deutung; aber dies Feststellbare ist nicht mehr das, von dem die Bibel spricht. Was die Bibel, die ganze Heilige Schrift, bezeugt, ist das reale Ereignis der Erscheinung Gottes in der Welt und die damit verbundene Ankündigung seines kommenden Friedensreiches.

4. Die Wiedererkennung der Prophetie

Das Grundthema der Bibel ist also die »Prophetie vom Reich«. Die Lehre von der Rechtfertigung des Sünders ist davon nur ein Unterthema, das im Abendland seit Augustinus eine besondere Wichtigkeit bekommen hat. In unserer Zeit aber müssen wir das Gesamtzeugnis der Schrift wieder in den Blick bekommen. Dafür sind die vielen Endzeit-Sekten unserer Zeit ein mahnendes Zeichen. »Prophetie vom Reich« bedeutet nicht Voraussage eines in naher oder ferner geschichtlicher Zeit hereinbrechenden Gottesreiches oder Weltgerichts. Sie öffnet uns vielmehr die Augen für die »Gegenwart des Kommenden«, für das Auf-uns-Zukommen des Gottesreiches, das die Gegenwart verwandelt. »Das Urchristliche ist nichts Historisches. Ein Zukünftiges ist es. Von vorn kommt es auf uns zu.«[66] In diesem Sinne ist die ganze Bibel Prophetie. Auch das Wort Jesu »Siehe, das Reich Gottes ist mitten unter euch« ist prophetische Rede. Es meint nicht nur »das Reich Gottes ist inwendig in euch«, wie Luther bezeichnenderweise übersetzt hat, und auch nicht nur: in ihm, in diesem Jesus und seinem Wort, ist das Reich Gottes unter uns, sondern der, in dem Gott in die Weltgeschichte eingegangen ist, öffnet uns die Augen für das Auf-uns-Zukommende, für den »Menschensohn, der kommen wird mit den Wolken des Himmels« (Mk. 14,62).

---

[65] Ebd., S. 558.
[66] Ebd., S. 426.

Die historisch-kritische Exegese hat diese neutestamentliche Rede von der »Wiederkunft Christi« als »spätjüdische Apokalyptik« aus dem Evangelium ausgeschieden. Da die urchristliche Naherwartung, die in dieser Rede zum Ausdruck komme, sich nicht erfüllt habe, sei diese Erwartung eben passé und für die christliche Botschaft auch nicht wesentlich. – Es ist ein atheistischer Denker, nämlich Ernst Bloch, der dagegen neu erkennt, dass die Erwartung des kommenden Gottesreiches zum Wesen des Christentums gehört, ja dieses Wesen ist. »Während die theologische, philosophische, literarische Elite der westlichen Völker die Welt auf Sünde und Ende, die Sorge und das Nichts, auf Entleerung und Zerfall hin kritisch durchleuchtet, erkennt ein marxistischer Denker dieselbe Welt voll des ›Aurorischen‹.«[67] In seinem Hauptwerk »Das Prinzip Hoffnung« macht er deutlich, wie die Hoffnung auf einen gedachten oder geglaubten Heilszustand der Welt die Triebkraft ist, welche die kulturelle und gesellschaftliche Entwicklung der Menschheit vorantreibt. Die christliche Hoffnung wird hier ins Säkulare übertragen, die Hoffnung auf das Reich Gottes wird zur politischen Utopie. Diese Politisierung der Reich-Gottes-Erwartung im Marxismus-Sozialismus führte, wie wir inzwischen erlebt haben, in ein Fiasko. Der Mensch kann das Reich Gottes nicht selbst herbeiführen. Aber damit ist die Anfrage, die von daher an die Christenheit ergangen ist und noch ergeht, nicht erledigt.

Es ist die Frage nach dem Auftrag der Kirche im Weltgeschehen, die der Christenheit damit neu gestellt ist. Und die »politische Theologie« unserer Tage hat diese Frage ja auch bewusst aufgenommen und zu lösen versucht. Paul Schütz stand diesen Lösungen allerdings sehr kritisch gegenüber. Sie schienen ihm weithin der Gefahr erlegen, das Evangelium zu einer politischen Ideologie zu verharmlosen. »Es ist die schlimmste Verharmlosung, die sich denken lässt, das Evangelium zur politischen Revolution zu verniedlichen«[68], schrieb er 1969 angesichts der damals von südamerikanischen Theologen propagierten »Theologie der Revolution«. – Was ist dann der prophetische Auftrag der Kirche? Er ist begründet in der Erfahrung der »Parusia«, der Gegenwart des Kommenden in der Zeit. Es gibt Anwesenheit Gottes in der Welt, die Ewigkeit bricht in die Zeit, das Jenseits ins Diesseits herein – nicht kraft menschlicher Anstrengung, sondern kraft Inkarnation. Aus dieser Erfahrung erwächst dann die unzerstörbare Hoffnung auf die göttliche

---

[67] Ebd., S. 493.
[68] Ders. (1969), S. 204.

Vollendung der Welt. Das hat die Kirche zu bezeugen, nicht nur mit ihrem Wort, sondern mit ihrer ganzen Existenz. Sie wirkt im Weltgeschehen nicht durch ihr »politisches Engagement«, sondern durch ihr einfaches Dasein in der Welt, durch das Dasein einer Schar von Menschen, die von dieser Hoffnung bestimmt sind und darum unverdrossen wirken in dem begrenzten Bereich, der ihrer Sorge anvertraut ist. »Wir vergegenwärtigen uns nicht, was das bloße Dasein einer Christenheit, wie schlecht und schlicht auch immer, für die Landschaft der Menschenwelt bedeutet. Sie ist die Stadt auf dem Berge. Mit ihr hat die Parusie, hat das Ankommen des Kommenden bereits begonnen … Das Salz ist ausgestreut, der Sauerteig gärt, der Geist zeugt im Fleisch. – Der Incarnatus bleibt das Mysterium der Geschichte – und ihrer Vollendung.«[69]

Die Gewissheit der »Parusia«, der Anwesenheit Gottes in der Zeit, wird in der christlichen Gemeinde erfahren als Inkarnation, als leibhaftige Gegenwart Gottes in Christus und in seiner Kirche. Diese Verleiblichung wird bewirkt durch das »prophetische Wort«, denn dies Wort vergegenwärtigt ein wirkliches Geschehen in der Welt, in das die Hörer hineingezogen werden sollen. Hinter allen biblischen Worten steht solch ein Gottesgeschehen. Auslegung dieser Worte ist darum nach Schütz »Herauslegung dieses Geschehens in die Welt hinein«. Diese Herauslegung geschieht aber, kann nur geschehen, im Gespräch. Die christliche Verkündigung ist »Übereignung im Gespräch«. Dabei geht es nicht nur um Vermittlung von Informationen, auch nicht nur um Deutung und Erklärung des Menschendaseins in der Welt, sondern um »Seinsmitteilung«. Gott zieht in diesem Gespräch Menschen in sein göttliches Leben hinein und macht so ihre Geschichte zur »Heilsgeschichte«, d. h. zu einer Geschichte, die seinem Reich entgegenläuft.

Die Zeichen der Gegenwart Gottes und seines kommenden Reiches werden aber auch sichtbar im Gespräch mit der Welt, mit ihrer Kunst und Wissenschaft und ihren geschichtlichen Gestaltungen. Schütz hat dies Gespräch intensiv und in vielfältiger Weise geführt, nicht nur, wie wir schon sahen, mit der Medizin, sondern auch mit der Physik, Philosophie und Kunst seiner Zeit. Überall zeigte sich ihm, wie da der menschliche Geist an seine Grenzen stieß, wie er erfahren musste, dass da etwas fehlte, dass er das Ganze nicht ergreifen konnte. In diesem Fehlenden, in dieser Leere aber ist die verheißene Fülle vorgebildet. »Weil die Leere nicht ein physikalisches Loch,

---

[69] Ders. (1963a), S. 503.

43

sondern ein Fehlendes im Menschen ist … deshalb ist dieser Hohlraum der Ort des Urleides des Menschen und seiner Leidenschaft, mit der er auf jenes verborgene Plus wartet.«[70] Die Erfahrung des Fehlenden ist gleichsam das Negativ, durch das hindurch das Licht des prophetischen Wortes auf dem lichtempfindlichen Untergrund der Menschenseele die positive Hoffnung erzeugt: das Charisma Hoffnung. Dies Charisma ist ein »Seinsgeschenk« im Unterschied zu dem »Prinzip Hoffnung« von Ernst Bloch.

Im Licht des prophetischen Wortes wird dann aber auch das weltgeschichtliche Geschehen zur Voranzeige des kommenden Gottesreiches, und zwar so, dass nicht nur das biblische Zeugnis die geschichtlichen Ereignisse deutet, sondern auch diese Ereignisse das biblische Zeugnis. Die Grundform der prophetischen Sprache ist ja das »Bildwort«. Es ist ein Bild, das spricht, und ein Wort, das geschaut wird. »Sprache setzt hier nicht ›ins Bild‹. Hier setzt sich Bild durch Wort in die Dinge … deshalb ist die Geschichte die Exegese der Prophetie, nicht umgekehrt!«[71] Die großen Bildworte der Bibel von Christus als der »Tür« und dem »Hirten«, dem »Sämann« und dem »Weizenkorn«, dem »Opferlamm« und dem kommenden »Weltenrichter« usw. werden durch die Geschichte ausgelegt. Sie »gleichen dem Netz von Petri großen Fischzug. Wirft man sie aus in den Fluss der Zeit, so kommen sie bis zum Zerreißen voll mit Geschichtsrealität an die Oberfläche emporgestiegen. Diese Zeichen – an sich zunächst nur Wort, Bild, Gleichnis, Chiffre – gewinnen Leib an der Realität, inkarnieren in einem bestimmten Jetzt und Hier der Zeitgeschichte.«[72] So, wie die Gnadenzusagen der Bibel und die kreatürlichen Erfahrungen sich gegenseitig auslegen, so auch das prophetische Wort und die geschichtlichen Erfahrungen. Daraus erwächst die unerschütterliche Hoffnung der Kirche, und aus dieser Hoffnung erwachsen die verschiedenen Inkarnationen, d. h. Gestalten der Kirche im Laufe der Weltgeschichte.

Literaturverzeichnis
– SCHÜTZ, PAUL (1930): *Zwischen Nil und Kaukasus: ein Reisebericht zur religionspoliti-schen Lage im Orient.* München; Kaiser, 1930.
– DERS. (1932): *Saekulare Religion: eine Studie über ihre Erscheinung in der Gegenwart und ihre Idee bei Schleiermacher und Blumhardtd. J.* Tübingen: Mohr, 1932

[70] Ders. (1963b), S. 506.
[71] Ebd., S. 547 f.
[72] Ders. (1960b), S. 133.

– DERS. (1940): *Das Evangelium: dem Menschen unserer Zeit dargestellt*. Berlin: von Hugo, 1940.

– DERS. (1950): *Das Mysterium der Geschichte – Eine Meditation der Christus-Apokalypse*. Kassel: Stauda, 1950.

– DERS. (1960c): *Parusia – Hoffnung und Prophetie*. Heidelberg: L. Schneider, 1960.

– DERS. (1962): *Charisma Hoffnung. Von der Zukunft der Welt*. Hamburg-Furche-Verlag, 1962.

– DERS. (1964): *Die Kunst des Bibellesens. Verlust und Wiedergewinnung des biblischen Maßstabes*. Hamburg: Furche-Verlag, 1964.

– DERS. (1969): *Warum ich noch ein Christ bin. Eine Existenzerfahrung*. 3. Fassung, Hamburg: Furche-Verlag. (Das Buch erschien zuerst unter dem Titel Warum ich noch ein Christ bin. Briefe an einen jungen Freund. Berlin: v. Hugo u. Schlotheim, 1937).

Daneben werden erwähnt:
– DERS. (1960b): *Im Erblicken des Unschaubaren: ausgewählte Vorträge u. Aufsätze*. [Paul Schütz gewidmet zum 70. Geburtstag]. Stuttgart: Evangelisches Verlags-Werk, 1960.

– DERS. (1963a): *Das Mysterium der Geschichte: von der Anwesenheit des Heilenden in der Zeit*. Gesammelte Werke, Band II. Hamburg [u. a.]: Furche-Verlag, 1963.

– DERS. (1966): *Evangelium: Sprache und Wirklichkeit der Bibel in der Gegenwart*. Gesammelte Werke, Band I (Sonderausgabe). Hamburg [u. a.]: Furche-Verlag, 1966.

– DERS. (1971): *An den Menschen: vom Verstehen zum Verwandeltwerden*. Gesammelte Werke, Band IV. Hamburg [u. a.]: Furche-Verlag, 1971.

Ohne belegbare bibliografische Angaben wird zitiert:
– DERS. (1921a): Tagebucheintrag vom 01.06.1921.
– DERS. (1921b): Tagebucheintrag vom 06.06.1921.
– DERS. (1948): Tagebucheintrag vom 04.07.1948.
– DERS. (1960a): Brief vom 20.11.1960.

Des Weiteren wird hier als Sekundärliteratur zitiert:
– KREMERS, RUDOLF (1989): *Paul Schütz – auf der Suche nach der Wirklichkeit: ein Lebens- und Erkenntnisweg*. Moers: Brendow, 1989.

III. Joseph Wittig[73]

Lebensdaten

1879	Geb. am 22.1. in Schlegel (Glatzer Bergland) als 6. Kind des Zimmermanns Eduard Wittig und seiner Ehefrau Johanna, geb. Strangfeld
1885–92	Besuch der Volksschule in Schlegel; durch den Ortspfarrer, Pater May, gefördert und zur Aufnahmeprüfung im Gymnasium vorbereitet
1893–99	Besuch des Gymnasiums in Breslau
1899–1903	Theologiestudium in Breslau; abgeschlossen mit Doktorexamen
1904–06	Stipendiat am »Campo Santo« in Rom
1907–10	Kaplan an St. Maria in Breslau. Beginn der Vertretung des erkrankten Dozenten für christliche Archäologie, Prof. Sdralek
1911	Ernennung zum a. o. Professor und
1915	Zum Ordinarius für Kirchengeschichte und kirchliche Kunst
1922–25	Auseinandersetzungen mit dem Kirchlichen Lehramt, die schließlich zu seiner Exkommunikation führen
1926	13.03. Bitte Wittigs um seine Emeritierung 12.06. Exkommunikation 19.06. Heimkehr nach Neusorge. Hausbau auf väterlichem Grundstück
1927	Heirat mit Bianca Geisler; vielfältige schriftstellerische Tätigkeit
1938–42	Dichterlesungen in Sachsen, Mecklenburg und Schlesien
1943–46	Schwere Erkrankung
1945	Plünderung des Hauses und körperliche Misshandlung durch marodierende Soldaten
1946	Aufhebung der Exkommunikation; Vertreibung aus Neusorge, Umsiedlung nach Altena in Westfalen; dort durch Gallenoperation von seinen schweren Leiden befreit
1946	Verstorben am 22.08. im Forsthaus Göhrde (Lüneburger Heide)

---

[73] Vgl. dazu Köhler (1980) und Hainz (2000).

Hauptwerke

– *Das Papsttum – seine weltgeschichtliche Entwicklung und Bedeutung in Wort und Bild dargestellt.* 1913
– *Herrgottswissen von Wegrain und Straße: Geschichten von Webern, Zimmerleuten und Dorfjungen.* 1922
– *Meine »Erlösten« in Buße, Kampf und Wehr.* 1923
– *Die Kirche im Waldwinkel und andere Geschichte vom Glauben und vom Reiche Gottes.* 1924
– *Leben Jesu in Palästina, Schlesien und anderswo.* 1925
– *Das Alter der Kirche: Kapitel und Akten.* 1927/1928 (Gemeinsam mit Eugen Rosenstock-Huessy)
– *Höregott: ein Buch vom Geiste und vom Glauben.* 1929
– *Aussichten und Wege.* 1930
– *Gold, Weihrauch und Myrrhe: Geschichten aus der verlorenen Heimat.* 1948
– *Novemberlicht: drei Skizzen über Allerseelen, Totensonntag, okkulte Erfahrungen und den Auferstehungsleib.* 1948
– *Roman mit Gott: Tagebuchblätter der Anfechtung.* 1950

1. Der Fall Joseph Wittig(s)

Der kirchliche Prozess gegen Joseph Wittig, der zum Verlust aller seiner Ämter und schließlich zu seiner Exkommunikation führte, hat in den Zwanzigerjahren des letzten Jahrhunderts große Wellen geschlagen – besonders im katholischen Raum, aber auch darüber hinaus. Denn Wittig war damals ein über alle konfessionellen Grenzen hinweg bekannter Volksschriftsteller. Seine Geschichten, in denen er das christliche Leben »von unten«, bei »Webern, Zimmerleuten und Dorfjungen«, zu beschreiben versuchte, wurden überall dankbar und begierig aufgenommen. Nur die Glaubenswächter seiner Kirche, die Dogmatiker und das kirchliche Lehramt, fanden darin »die Korrektheit der Glaubenslehre« verletzt. So kam es zu dem genannten Prozess, in dem er nacheinander sein Lehramt, sein Priesteramt und schließlich seine Zugehörigkeit zur Katholischen Kirche verlor. Er wurde oft beschrieben. Das braucht hier darum nicht wiederholt zu werden. Die Exkommunikation wurde ja auch 1945 aufgehoben – ohne Begründung allerdings und auch, ohne dass darauf für seine indizierten Schriften die kirchliche Druckerlaubnis, das sogenannte »Imprimatur«, erteilt worden wäre. – Aber 1975 – nach dem Zweiten Vatikanischen Konzil – erschien eine von katholischen Theologen verfasste Schrift mit dem Titel »Der

Fall Joseph Wittig fünfzig Jahre danach«[74], in dem die kirchenrechtliche Rücknahme der Exkommunikation nun auch theologisch vollzogen, indem Wittig also auch als Theologe der Katholischen Kirche wieder rehabilitiert wurde. D. h., es wurde ihm bescheinigt, seine Theologie stehe im Ganzen im Einklang mit der katholischen Tradition, insbesondere mit den Dokumenten des Zweiten Vatikanischen Konzils. Gewisse Einseitigkeiten und Auswüchse seien einerseits durch die »prophetische Attitüde« zu erklären, der Wittig oft verfallen sei, andererseits durch die besonders belastende Situation, in die er in den letzten Kriegsjahren geraten sei. – In der ganzen Sache handelte es sich danach sowohl um einen durch kirchliche Missverständnisse und Fehlhandlungen verursachten Unglücks-»Fall Wittig« – eine Art kirchlich-theologischer Betriebsunfall – wie auch um einen menschlich verständlichen Sünden-»Fall Wittigs«, ein Über-das-Ziel-Hinausschießen, das durch sein etwas überzogenes Selbstbewusstsein und seine besondere Notlage verursacht worden sei. – Damit schien der Fall erledigt und wurde auch »ad acta« gelegt. Im Zweiten Vatikanischen Konzil wurde ja das, was in Wittigs Schrifttum gut und berechtigt war, aufgenommen und kirchlich integriert.

Stimmt das? Ist damit die besondere Anfrage, die Joseph Wittig an seine Kirche gestellt hat, erledigt? Sein Freund Eugen Rosenstock-Huessy schrieb in seiner – fulminanten! – Stellungnahme zu dem kirchlichen Ausschlussverfahren: »Das Besondere des Falles Wittig liegt darin, dass die römische Kirche durch die Ausstoßung von Joseph Wittig einen entscheidenden Schritt zur ›religio depopulata‹ [entvölkerte Religion, d. Verf.], ich möchte persönlich glauben: den entscheidenden, getan hat. Sie hat ihre Erneuerungshoffnung erstickt. Sie hat zwischen Kirche des Klerus und Kirche des Volkes gewählt, und das Volkstum der Klerikerkirche ohne jede Einschränkung geopfert. Damit wird sie zu jenem entvolkten Mythos [...] Sie wirkt nicht mehr, weil sie die Wirklichkeit des Volkstums, des christlichen Volkes nicht mehr erträgt.«[75] Das sind starke Worte. Man kann darüber lächeln. Denn heute, über 70 Jahre später, ist Wittig so gut wie vergessen, die Römisch-Katholische Kirche dagegen wirkt noch groß und mächtig in die Welt hinein. Aber was sind 70 Jahre im Blick auf eine 2000-jährige Kirchengeschichte? Und was bedeutet eine nach außen mächtige Kirche im Blick auf die Wirklichkeit des Reiches Gottes in der Welt, um die es Wittig allein ging? Er war auf der Suche nach

---

[74] Kampmann/Padberg (1975).
[75] Wittig/Rosenstock-Huessy (1927/28), Bd. III, S. 120.

den Spuren dieses kommenden Gottesreiches in der Gegenwart und musste das, was er dabei sah und erlebte, zur Sprache bringen. Dazu noch einmal Rosenstock-Huessy: »Wittig ist mit jeder Zeile und mit den großen Werken als Ganzen, die er geschrieben hat, der Anwalt des dogmengläubigen Laien gegenüber der Gehirnakrobatik des Dogmensystematikers, des *geschehenden* Gemeinschaftslebens gegenüber der juristisch-philosophisch-obrigkeitlichen Theorie *über* dies Gemeinschaftsleben« (Kursivierungen vom Verf.).[76] – Ist das wirklich von der Römisch-Katholischen Kirche schon aufgenommen und integriert? Ergeht hier nicht eine Anfrage, die weit über die Grenzen dieser Kirche hinaus von Bedeutung ist?

Diese Anfrage ergeht zunächst an die Dogmatik bzw. Kirchenlehre, wie sie in allen Konfessionen vorhanden ist und vorhanden sein muss. Wittig hatte sie gründlich studiert. Nach dem Theologiestudium in Breslau und der Promotion konnte er sich aufgrund eines Stipendiums in Rom am »Campo Santo« weiterbilden. Er hat sich dort hauptsächlich mit christlicher Archäologie beschäftigt und wurde dann nach dem Tod seines Doktorvaters, Prof. Sdralek, dessen Nachfolger auf dem Lehrstuhl für Kirchengeschichte und Archäologie in Breslau. Aber schon in seinen kirchengeschichtlichen Vorlesungen zeigte sich etwas, was sich später in seinen religiösen Volksschriften entfaltete. Er geriet nämlich vom Dozieren ins Erzählen – und das ist etwas grundsätzlich Anderes! Dozieren kann man als distanzierter Beobachter vergangener Ereignisse, Erzählen kann man nur von einem Geschehen, von dem man selbst ergriffen ist, und nur durch solches Erzählen wird vergangenes Geschehen heute wieder lebendig. Und eben darum geht es Wittig. Man kann das in all seinen Beiträgen zum »Alter der Kirche« nachlesen. Es ist ein ganz anderer Ton als bei den üblichen Kirchenhistorikern. »Ach, wenn die Toten über das Leben reden, ist es zum Lachen«, so seufzt Wittig über manche seiner Historikerkollegen, »es gibt ein Reich der Tatsachen, das dem begrifflichen Denken ganz unzugänglich, dem gefühlsmäßigen Denken wenigstens ahnungsweise erreichbar, dem schauenden Denken aber angelweit geöffnet ist.«[77] Und darum muss es doch in rechter Kirchengeschichte gehen: Das Glaubensleben der Vergangenheit zu schauen und so neu zur Erfahrung zu bringen. Und das geht »nicht von Buch zu Buch, nicht von Mund zu Mund, sondern von Leben zu Leben«[78]. Weil Wittig

---

[76] Ebd., S. 121.
[77] Wittig/Rosenstock-Huessy (1927/28), Bd. I, S. 392.
[78] Ebd., S. 343.

vom Glaubensleben der Vergangenheit ergriffen war, darum konnte er auch seine Zuhörer ergreifen. Dabei ging ihm auf, dass Kirchenhistorie und kirchliche Dogmatik zur Erfassung des Glaubenslebens vielleicht gewisse Hilfsfunktionen haben, dass aber die ganze Wirklichkeit dieses Lebens durch sie nicht erfasst werden kann. Ebenso wenig, wie die Naturwissenschaften nach von Weizsäcker das Geheimnis des natürlichen Lebens ergründen können, ebenso wenig können historische und theologische Wissenschaft das geistliche Leben ergründen. Wer Leben erkennen will, muss sich an ihm beteiligen, sich ihm aussetzen.

Aus dieser Erkenntnis heraus beginnt Wittig nun seine eigenen Glaubenserfahrungen niederzuschreiben. So entstehen die Geschichten-Sammlungen: »Herrgottswissen – Geschichten von Webern, Zimmerleuten und Dorfjungen«, »Die Kirche im Waldwinkel« und schließlich als Krönung seiner Erzählkunst das »Leben Jesu in Palästina, Schlesien und anderswo«. Alle diese Geschichten schrieb Wittig nicht, um neben seiner akademischen Tätigkeit auch noch Erbauungsschriftsteller zu werden, sondern weil ihm klar wurde, dass man vom Geheimnis der Kirche letztlich nur reden kann, indem man erzählt, wie es sich einst ereignet hat und heute wieder ereignet. Es ging ihm nicht darum, tiefe theologische Gedanken ins Volkstümlich-Schlichte zu übersetzen, sondern darum, aus den flachen Gewässer theologischer Reflexion in die Tiefe der Wirklichkeit vorzustoßen. Diese Geschichten fanden großen Anklang – nicht nur in Schlesien und nicht nur im katholischen Raum, sondern weit darüber hinaus. In ganz Deutschland wurde Wittig mit Begeisterung aufgenommen. Wie ein warmer Regen fielen seine Erzählungen auf die ausgedörrte Kirchenlandschaft und brachten neues, frisches Glaubensleben hervor.

Aber es regte sich auch Widerstand. Er kam vonseiten der Dogmatiker, der Hüter der reinen Kirchenlehre. Entsprach das noch dem, was in dieser Lehre als katholischer Glaube definiert war? Zum offenen Ausbruch kam dieser Widerstand durch einen in der Zeitschrift »Hochland« veröffentlichten Aufsatz Wittigs mit dem Titel »Die Erlösten«. Darin suchte er – auch in Form von Erzählungen – darzustellen, wie das, was das Wort »Erlösung« meint, heute geschieht. »O – ihr Dogmatiker – zeigt mir das erlöste Volk!«, ruft er aus. Sie können es nicht. Sie können nur den Apparat der Erlösung definieren, die Mittel, die uns einmal zur Erlösung führen, »wenn es uns nicht daneben geht. Ob auch die Erde etwas davon hat, ob sie von einem erlösten Volk bewohnt sein wird, ob die Macht der Sünde auf Erden gebrochen wird, ob Erlösung irgendwelche statistisch oder wenigstens gefühlsmäßig feststellbare Folgen hat, das wurde nicht erörtert.«[79] – Und dies eben, die Wirklichkeit der Erlösung im Leben der Glaubenden, bringt Wittig zur Sprache, in einer anderen Sprache als der der Dogmatiker, eben indem er davon erzählt.

»Getröst, getröst, wir sind erlöst«, so lernen die Schulkinder im Unterricht zu singen. Aber aus vollen Herzen singen sie das erst, als die Schule zu Ende ist und sie an den Schulfenstern vorbeiziehen, hinter denen ihre älteren Mitschüler noch schwitzen müssen. Jetzt erst wissen sie, dass sie erlöst sind – nämlich von der Schule. Und die Erwachsenen? Singen sie dies Kirchenlied auch aus vollem Herzen außerhalb der Kirche? Warum tun sie das nicht? Warum macht die in der Kirche gepredigte Erlösung sie nicht wirklich froh? Warum gibt es so viel gedrücktes, unfreies, freudloses Christenleben? Das sind die Fragen, die den Seelsorger Joseph Wittig umtreiben. Und er findet den Grund in der falsch verstandenen und praktizierten kirchlichen Beichtpraxis. Die Menschen »werden Sünder vor dem richtenden und strafenden Geist und finden zwar formale Lossprechung, aber doch keine Erlösung«[80]. Sie finden sie nicht, weil sie gelehrt werden, die Absolution führe zur Befreiung von der Sünde. Und eben dies können sie nicht erleben. Die Sünde bleibt mächtig, auch nach Beichte und Absolution, ja sie erscheint danach oft mächtiger als zuvor, weil man sich ihrer bewusster geworden ist. Wie soll man da seines Lebens wirklich froh werden? – Diesen niedergedrückten Seelen verkündigt Wittig bzw. lässt er einen Pfarrer in seiner Erzählung verkündigen: »Christen, das ist die frohe Botschaft, die ich euch bringe. Christus selbst schickt mich. Ich soll euch sagen: Wenn ihr glaubt, könnt ihr nicht mehr sündigen. Wer glaubt, der hat das ewige Leben.«[81]

Das wird den Protestanten sehr bekannt vorkommen. Ist das nicht die reine Lehre Martin Luthers? Eben dies wurde Wittig denn auch von den katholischen Glaubenswächtern sofort vorgehalten. Er sei ein »Lutherus redivivus« (ein wiedererstandener Luther), schrieb ein Amtskollege. Die lutherische Ketzerei würde durch ihn in die Katholische Kirche eingeschleust.[82] – Wittig hat sich dagegen mit Entschiedenheit zur Wehr gesetzt. Zeit seines Lebens fühlte er sich als treuer katholischer Christ. Und er hat,

[79] Wittig (1923), S. 30.
[80] Ders. (1929), S. 285.
[81] Ders. (1923), S. 48.
[82] Vgl. dazu Nestle (2000), S. 138 ff.

wie wir noch sehen werden, sich vom protestantischen Kirchenwesen ebenso deutlich distanziert wie vom römisch-katholischen. Wie kommt das? Nun: Es ist kein Zweifel, dass Wittig die biblische Botschaft, dass der Mensch durch Glauben gerecht wird ohne Gesetzeswerke (Röm. 3,28), für sich und seine Beichtkinder neu entdeckt hat. Er fand darin aber überhaupt keinen Widerspruch zur überlieferten katholischen Lehre – wie das neuerdings ja auch Hans Küng in seinem Rechtfertigungsbuch dargestellt hat. Wittig hat die »Katholizität« der reformatorischen Rechtfertigungslehre aber nicht theologisch begründet; er hat sie erfahren und gelebt. »Ich verwarf kein Dogma und kein Recht der Kirche«, schreibt er, »wollte nur den Glauben als Leben Gottes auf Erden predigen.«[83] Und diesen Glauben hatte er von seiner Kirche empfangen und in ihr gelebt.

Stärker empfand er seine Distanz zur protestantische Kirchenlehre. Denn der Glaube, den er bezeugen musste, war nicht nur die innere Zustimmung zu dem in Christus ergangenen Gerichts- und Gnadenurteil, er war nicht nur ein Akt menschlicher Erkenntnis und Entscheidung, sondern viel umfassender »Leben Gottes auf Erden«, ein Leben, das »nicht von der Natur angezogen und weggezogen, nicht vom Gesetz beengt und begrenzt, nicht vom Geist blutleer und unfruchtbar gemacht wird, sondern die Natur vollendet, das Gesetz nach seinem Sinn erfüllt, den Geist erneuert, die Unmöglichkeit der Welt in die Möglichkeit Gottes erhebt, im Glauben an den Gott, bei dem kein Ding unmöglich ist«[84]. Gläubige sind Menschen, die vom Strom dieses Lebens ergriffen sind. Die Quellen dieses Stromes sind: Abraham, Isaak und Jakob, Mose und die Propheten und – entscheidend! – Christus und seine Apostel; denn in ihm hat das »Leben Gottes auf Erden« Menschengestalt angenommen. Von daher fließt nun dieser Glaubensstrom in die Welt. Sowohl die Bibel als auch die Kirche sind aus ihm erwachsen. »Schrift und Kirche machen nicht den Glauben, sondern sind Produkte des Glaubens, den Christus als neuen Lebensodem dem Plasma der Menschheit eingehaucht hat.«[85] Der Glaubensstrom entspringt also nicht der Schrift und der Kirche, sondern durchfließt sie. Er erweist seine Lebendigkeit durch die Zeiten in vielerlei Formen und Gestaltungen. Er schafft die Zeugnisse der Heiligen Schrift und die Fülle der kirchlichen Tradition. Er wirkt die Verherrlichung des Gottessohnes und die Verehrung seiner Mutter und

---

[83] Wittig (1929), S. 284.
[84] Ebd., S. 294.
[85] Wittig/Rosenstock-Huessy (1927/28), Bd. I, S. 415.

aller Heiligen. Dass diese Heiligenverehrung der Ehre Christi Abbruch tun könne – diese Sorge schien Wittig ganz abwegig. Waren es nicht die Mutter Maria und die Heiligen, durch die hindurch das neue Leben, das in Jesus erschienen ist, dem Volke nahegebracht wurde? Die Kirche hatte Christus so hoch in den Himmel erhoben, dass er für das Leben und Empfinden des einfachen Volkes schier unerreichbar war. Da vermittelten nun Maria und die Heiligen an seiner Stelle dem Volk die lebendige Glaubenserfahrung. Natürlich konnte es da auch Auswüchse geben, konnte fremder Geist in diese Volksfrömmigkeit einströmen. Dagegen musste die Kirche immer wieder Dämme aufrichten; aber sie musste auch der Versuchung widerstehen, den christlichen Glaubensstrom zu kanalisieren. Damit würde man ihm seine ursprüngliche Fülle und Lebendigkeit nehmen. Denn »nicht die enge Fahrrinne ist die Kirche, sondern die ganze Straße, die zum Himmel führt, samt dem grünen Straßenrand, an dem man sich manchmal ausruhen kann«[86]. Eben solch eine Kanalisierung des Glaubensstroms sah Wittig in dem reformatorischen »Allein« – allein die Schrift, allein Christus (ganz ähnlich wie Paul Schütz!). Wird dieses »Allein« so ausgelegt, dass dadurch der Strom kirchlicher Tradition und die Glaubenszeugnisse der Heiligen ausgeblendet oder für unwichtig erklärt werden – und so geschah es ja im Protestantismus weithin –, so schnürt sich die Kirche von dem in ihr fließenden Lebensstrom ab, und der Glaube gerät in Gefahr, zu einem intellektuellen Akt zu verkümmern. Der Glaube als »Leben aus Gott« entspringt ja dem Lebenszeugnis Jesu und seiner Apostel und wird durch die Zeiten hindurch genährt und weitergeführt durch eben solche Glaubenszeugnisse. »Es ist gewiss ein Zeichen tiefer Demut«, schreibt Wittig, »dass wir einen energischen Trennungsstrich zwischen Jesus, dem Sohn Gottes, und den Menschen, selbst den Aposteln machen … und wenn wir das Verhältnis zwischen den Aposteln und seinen Nachfolgern ausdrücken wollen, machen wir wieder einen dicken, saftigen Trennungsstrich«, aber »so tiefgründig jene Unterscheidungen auch philosophisch-theologisch zu rechtfertigen sind, religiös müssen sie doch überwunden werden.«[87] Sie müssen überwunden werden, weil Christus in seinen Boten weiterlebt, nicht nur in den Aposteln und Heiligen, sondern in allen Gläubigen. »Wie mich der Vater gesandt, so sende ich euch, sprach Christus. Beide Seiten der Gleichung müssen im vollen Sinn gleich sein.«

---

86 Wittig (1923), S. 13.
87 Wittig/Rosenstock-Huessy (1927/28), Bd. I, S. 168 f.

Die kirchliche Überlieferung, die Bibel und die Schriften der Kirchenväter sind der schriftliche Niederschlag dieser Lebenszeugnisse. Als solcher sind sie wichtig und notwendig – und doch von sekundärer Bedeutung. Sie sind ja nicht selbst Lebenszeugnis, sondern Zeugnis vom Zeugnis. »Christus hat seine Religion selbst nicht auf eine Schrift, sondern auf den lehrenden lebendigen Geist gebaut«, schreibt Wittig und fährt dann fort: »Wann wird überhaupt die Einsicht kommen, dass das Lebendige tausendmal mehr Wert ist als das Geschriebene mit all seinen Schwierigkeiten, Undeutbarkeiten und Zweifelsquellen.«[88] – Lutherische Schriftgelehrte werden hier sofort »Schwärmerei« befürchten. Aber ist denn bloße Schriftgelehrsamkeit besser als Schwärmerei? Muss nicht beides zusammenkommen, das Schriftzeugnis und das Lebenszeugnis? Wieder sei hier an das Offenbarungsverständnis von Paul Schütz erinnert: Die Bibel deutet das Leben und das Leben die Bibel. Nur so wird christlicher Glaube heute wirklich und lebendig.

2. Die drei Zeugen

Was Wittig den Dogmatikern seiner Kirche vorwarf, war, dass sie nur das Zeugnis der Heiligen Schrift und der Kirchenlehre kannten, nicht aber das Zeugnis des Lebens. Das Glaubenszeugnis der Bibel und der Kirchenväter und die daraus entwickelte Lehre nannte er etwas missverständlich das »Zeugnis des Geistes«. Er meinte damit nicht den Heiligen Geist, sondern den Menschengeist, der diese schriftlichen Zeugnisse aufnehmen, verstehen und denkerisch entfalten kann. Dieses Geistzeugnis ist wichtig, aber ihm zur Seite müssen noch zwei andere Zeugen treten: das Zeugnis des Blutes bzw. der Kreatur und das »Urzeugnis« Gottes selbst im menschlichen Erleben.

Das Zeugnis der Kreatur hilft dazu, wirkt mit, dass die biblische Botschaft heute Fleisch wird. »Kein Mensch, der nicht schon einmal einen ganzen Tag lang Ziegen gehütet hat, weiß, was Ewigkeit ist, und auch ein solcher weiß es nicht, aber ihn hat doch die Ewigkeit berührt«, heißt es in der wunderbaren Geschichte »Vom Ziegenhüten und vom Heiligen Geist«.[89] Und die Ostergeschichte »Der neue Morgen«, in der vom »schwarzen Herden« erzählt wird, den die Leute für »einen verlorenen Teufel« halten, der aber am Ostermorgen »ein frisches weißes Hemd anzieht« und den ganzen Tag pfeifend durch seine Felder geht, schließt mit den Worten: »Ostern ist

---

[88] Ebd., S. 255.
[89] Wittig (1973), S. 75 ff.

etwas in unserem Blute. Die Natur spielt es uns vor; die Kirche gibt uns den Text dazu, und es war einmal einer, der damit den Anfang gemacht hat, dass die Ahnung zur Wirklichkeit werde, auch in uns, auch in uns!«[90] Die Kreatur ist der Boden, auf dem allein der Geist Wurzeln schlagen und sich entfalten kann, ohne sie bleibt er in der Luft schweben. »All mein seliger Glaube ist unter der Sonne Gottes aus der Erde herausgewachsen. Schier von allem, was ich wirklich glaube, weiß ich noch den Erdenfleck und das Erdenstück, wo er aufkeimte. Ich muss darum in meine Glaubensbücher sehr viel Erde hereinbringen«[91], schreibt Wittig.

Dazu tritt nun aber der »Urzeuge«, d. h. Gott selbst, sein gegenwärtiges schöpferisches Handeln. Alle drei Zeugen müssen zusammenwirken, damit wirkliches Glaubensleben auf Erden sich entfalten kann. Wie wird aber dies »Urzeugnis«, die schöpferische Gegenwart Gottes, erfahren? Nun, auf die vielfältigste Weise. Gott ist ja in seiner Schöpfung gegenwärtig und tätig, und das kann im Glauben erfahren werden. In allem, was Wittig nach seiner Exkommunikation und nach seinem Eheschluss und der Geburt des ersten Kindes geschrieben hat, ist dies das geheime Thema: Es gibt nicht nur die Offenbarung für den menschlichen Geist, die in den heiligen Schriften und der darauf gründenden kirchlichen Lehre begegnet, sondern auch die Offenbarungen des Leibes, der Kreatur, und die unmittelbare Gotteserfahrung im eigenen Erleben. Alle drei Offenbarungsweisen müssen zusammenkommen, sich gegenseitig ergänzen und korrigieren, damit das Heil neu und d. h. *leibhaftig* in Erscheinung tritt. Diese dreifache Offenbarung stellt Wittig in seinen Selbstzeugnissen und Geschichten vor Augen und macht sich selbst und seinen Lesern damit deutlich, was der eigentliche Grund seiner kirchlichen Verurteilung ist: Die Kirche, ganz der reduzierten Offenbarung des »Geistes« verfallen, kann den Kirchenlehrer nicht ertragen, der die überlieferte Lehre, die er an keinem Punkt bestreitet, mit den Offenbarungen der »Kreatur« und der persönlichen Gotteserfahrung zusammenzubringen versucht.

Wo und wie wird diese »natürliche« Gottesoffenbarung erfahren? Nun, in sehr verschiedenen Formen, vor allem aber in der Begegnung der Geschlechter: zwischen Mann und Frau. »Bei allem, was im Bereich des Lebens geschieht, sind es die beiden Hände, die Kraft der Zeugung im Männlichen,

---

[90] Ders. (1932), S. 104.
[91] Ders. (1930), S. 10.

die Kraft des Empfangens und Gebärens im Weiblichen, die am Schaffen sind. Manchmal innerhalb eines Einzelmenschen, meist innerhalb eines Menschenpaares, immer aber diesseits des Geistes und dem Geiste verborgen.«[92] Auch neues Leben aus Gott erwächst in der Welt also auf diese Weise. Und weil es Wittig um dies neue Leben ging, war er auch immer auf das weibliche Gegenüber angewiesen. Das musste notwendig zum Konflikt mit dem vom katholischen Priester geforderten Zölibat führen. Es ist sehr ergreifend zu lesen, wie er mit diesem Problem gerungen hat.[93] Er hat sein Priestergelübde sehr ernst genommen. Erst nach der Exkommunikation fühlte er sich frei zu wirklicher ehelicher Gemeinschaft. Aber auch vorher brauchte er immer das weibliche Gegenüber für seine schriftstellerische Arbeit, für das eigene Schöpfertum. Und wenn solch eine Verbindung zerbrach, versiegte auch seine Kreativität. »Es war schlimmer als Tod und Begräbnis«, schreibt er von solch einer Trennung. Und dann sprach der Geist – der Kirchengeist – zu ihm: »Das hast du nun davon, dass du nicht mir allein folgen wolltest, dass du, wie du sprichst, aus tieferen Gründen heraus leben wolltest! ... Lass all dein Suchen nach einem Leben aus den tiefsten Gründen! Verschreibe dich von heute aus ganz meinem Dienste! Du weißt, wie ich die Männer zu ehren vermag, die mir allein dienen! Lass dir von mir allein helfen!« Seine Seele aber antwortet darauf: »Ich will keine andere Hilfe als allein die Hilfe Gottes. Bist du aus Gott, so kannst du mich nur Gottes Wege führen. Gottes Wege aber kommen aus dem Geheimnis des Glaubens heraus; es sind Wege des vollen Lebens, nicht Wege des Geistes allein!«[94] Das volle Leben aus Gott, das war es, was er suchte; und das war für ihn ohne das weibliche Gegenüber nicht zu erlangen.

Nichts ist entlarvender für die kirchliche Männertheologie als die Reaktion des Freiburger Dogmatikers Engelbert Krebs auf diese Wittig'sche Lebensbeichte. »Wittigs Buch ›Höregott‹ – ein Herbarium vertrockneter Liebschaften! – «, schrieb er in sein Tagebuch, »ist die traurige Bestätigung meiner Darstellung seiner Entwicklung aus der Kirche hinaus. Darauf brauche ich nicht mehr literarisch zu antworten – nur noch für ihn beten hat Sinn.«[95] – Eine solche Theologie ist zur Unfruchtbarkeit verurteilt. Sie kann noch Bücher produzieren – und diese Produktion läuft ja meist auf

[92] Ders. (1929), S. 152.
[93] Ebd., S. 181 ff.
[94] Ebd., S. 274.
[95] Krebs (1928).

Hochtouren –, aber sie kann neues Leben in der Kirche weder wahrnehmen noch anregen. Darum geriet Wittig ja auch in den oben erwähnten Konflikt mit seiner Kirche. In einem langwierigen Prozess verlor er alle seine Ämter und zog sich daraufhin in die Einsamkeit seines Heimatdorfes Schlegel zurück. Im Blick auf die vielen vorwurfsvollen oder auch bedauernden kirchlichen Stellungnahmen zu diesem Geschehen schrieb er: »Nirgends wird die Möglichkeit zugelassen, dass die freie Gotteskindschaft, in der ich geschrieben und geantwortet habe, aus Gottes Schoß und dass mein Lebensschicksal ohne alle Tragik, vielmehr in reichster Liebe und Freude aus Gottes schöpferischer Hand hervorgegangen sein könnte.«[96] Und im Blick auf die Reaktion seiner geistlichen Freunde: »Sie wussten davon (vom Strom des Glaubens), oft viel mehr als ich, aber sie hielten dieses Wissen schon für den Strom. Und als ich in den Strom hineingerissen wurde und ihnen sagen musste, dass der Strom etwas ganz Anderes ist als unser Wissen um den Strom, da begannen sie um mich zu klagen.«[97]

Wieder war es eine Frau, die ihm in diesem Konflikt, in dem er natürlich auch von Selbstzweifeln nicht verschont blieb, zur entscheidenden Hilfe wurde. Bianca Geisler, die er während seiner Dozentenzeit in Breslau kennengelernt hatte, stand während dieser Krise zu ihm, in bedingungsloser Treue und bedingungslosem Gottvertrauen – und zwar, lange bevor sich abzeichnete, dass daraus eine eheliche Gemeinschaft werden könnte. Sie wussten beide nur unmittelbar, dass Gott sie einander zugeführt hatte. Was daraus werden würde, überließen sie ganz Ihm. »Mit dem Wissen unseres Geistes wussten wir nur, dass unsere Liebe in der Welt eine Unmöglichkeit war«, schrieb Wittig, »dass sie gar keinen Platz in der Welt hatte, dass wir sie immer wieder in Gott zurückjagen mussten, wenn sie sich vorwagen wollte.«[98] Aber sie war da und trug ihn nicht nur durch seinen Konflikt mit der Kirche hindurch, sondern öffnete auch die Schleusen zu neuem kreativen Schaffen. Vor allem konnte er nun sein Hauptwerk »Leben Jesu in Palästina, Schlesien und anderswo« fertigstellen und auch die Geschichten-Sammlungen »Kirche im Waldwinkel« und »Bergkristall« auf den Weg bringen. Als dann die Exkommunikation ausgesprochen war und Wittig sich in seinem Heimatort ein Haus baute, da wurde auch der Weg frei zur ehelichen Verbindung, die beide als wahres Gottesgeschenk in Empfang nahmen.

[96] Wittig (1929), S. 250.
[97] Ebd., S. 314.
[98] Ebd., S. 291 f.

3. Das Leben Jesu in Palästina und Schlesien

Das Glaubensleben, d. h. das gegenwärtige Wirken Gottes in seiner Kirche zur Sprache zu bringen, das war Wittigs Anliegen bzw. der Auftrag, unter den er sich gestellt sah. Daraus erwuchs sein erzählerisches Werk, das seinen Höhepunkt in dem Buch »Leben Jesu in Palästina, Schlesien und anderswo« gefunden hat. Darin erzählt er, wie sich das Evangelium in seinem eigenen Jugendleben widergespiegelt hat. Es ist 1926 erschienen und hat beim Kirchenvolk beider Konfessionen ein begeistertes Echo gefunden. Seine theologische Bedeutung aber wurde völlig überhört oder missverstanden und als gefährlich empfunden. Nur der Nichttheologe und Freund Rosenstock-Huessy hat das richtig erkannt: »Die einen nennen ihn klagend und seufzend einen Dichter«, schreibt er. »So weit sind wir in dieser technisierten und organisierten und kunstvergötzenden Welt, dass ein Mensch, der Gottes Urwort und Uroffenbarung kindlich in Gebet und Lobgesang, in Geschichte und Erzählung aufklingen und rinnen lässt, ein ›Dichter‹ sein muss. So machen die Theologen und Philosophen heute die Sprecher und Sager unschädlich.«[99] – Die andern finden Sätze darin, die der kirchlichen Lehre widersprechen, die also ketzerisch sind. Man kann zwar »in einem philosophischen System, in einem theologischen Disput wie zwischen Luther und Eck, Sätze verwerfen lassen. Dem Psalmisten, dem sagenden und singenden Menschen, kann man entweder lauschen oder man kann ihn hinauswerfen.«[100]

Das Lauschen auf den sagenden und singenden Menschen hat aber immer auch große theologische Konsequenzen. Theologie ist ja Nachdenken, Hinterher-Denken. Sie ist ein Nachbedenken dessen, was in der Kirche geschehen ist und geschieht. Was für eine Bedeutung der Leben-Jesu-Darstellung von Wittig erschließt sich diesem Nachdenken? – Man muss diese Darstellung auf dem Hintergrund der sogenannten »Leben-Jesu-Forschung« betrachten, die damals in der Kirche heftig diskutiert wurde. Die »liberale« Theologie hatte versucht, mit den Mitteln der historisch-kritischen Wissenschaft den historischen Kern der evangelischen Berichte zu ermitteln. Daraus waren viele verschiedene Jesusbilder entstanden. Albert Schweitzer hatte dann in seiner »Geschichte der Leben-Jesu-Forschung« nachgewiesen, dass dieser Versuch der historischen Rekonstruktion der Gestalt Jesu zum

---

[99] Wittig/Rosenstock-Huessy (1927/28), Bd. III, S. 121.
[100] Ebd., S. 123.

Scheitern verurteilt ist. Die Jesusbilder, die sich darauf gründeten, waren mehr Wunschbilder der jeweiligen Verfasser als historische Wirklichkeit. Darauf wandte man sich in der Kirche verstärkt dem »Christus des Glaubens« zu, d. h. dem Christus, wie er von den Aposteln und der Urgemeinde bezeugt wurde. Und in diesem Zeugnis ging es weniger um das Leben als um Tod und Auferstehung dieses Herrn – oder gar nur um die Bedeutung dieser Geschehnisse für die Gemeinde. Aber beides klaffte nun etwas auseinander: Das, was damals geschehen ist, das wirkliche Leben Jesu, und das, was danach geglaubt und bezeugt wurde. Das musste zu dauernder Spannung und Unsicherheit führen. Woran sollte man sich halten? An den, den die Kirche als geglaubten Christus bezeugt, oder an den, den die Wissenschaft als geschichtliche Gestalt erforscht?

Wittig ist keinen dieser Wege gegangen. Er hat nicht ein historisches Jesusbild entworfen, aber auch nicht nur den kirchlich bezeugten Christus vor Augen gestellt. Er hat vielmehr aus seinem eigenen Leben in und mit Christus die Berichte der Evangelien neu gelesen und bezeugt, »weil ja diese Erfahrungen allein wissend machen können«[101]. Wer in Christus, in der Glaubensverbindung mit ihm lebt, für den ist »jeder Tag ein neuer Tag im Leben Christi. Immer Neues wird er sagen können von seinem Zusammensein und Einssein mit Christus, wie Christus in ihm lebt und in ihm wirkt. Was er sagen kann, wird immer zusammenklingen mit den alten Evangelien. Wenn er es aber, dankbaren Herzens, sagt, wird es sein wie ein neues Evangelium: ›was wir selbst gesehen und erfahren haben, das bezeugen wir‹.«[102] Dazu Rosenstock-Huessy: »Nun ist das Leben Jesu und das Weiterleben im Erzähler beides zusammen die Erneuerung des Dogmas von der unlöslichen Verknüpfung des Glaubens an den Vater, an den Sohn und an den Heiligen Geist! Dies heißt Ernst machen, dies heißt praktizieren des dritten Glaubensartikels.«[103] Der dritte Glaubensartikel bezeugt ja, dass Gott nicht nur gestern, sondern auch heute und morgen gegenwärtig ist. Das Gestern deutet das Heute und Morgen, aber auch das Heute und Morgen das Gestern. So, in dieser liebenden Zuwendung zum ganzen Christus, zum gegenwärtigen, vergangenen und zukünftigen, wird der Zwiespalt zwischen dem historischen Jesus und dem geglaubten Christus überwunden.

[101] Wittig (1925), S. 13.
[102] Ebd., S. 13.
[103] Wittig/Rosenstock-Huessy (1927/28), Bd. III, S. 126.

Noch in ganz anderer Weise als in seiner Jugend hat sich das Leben Jesu in Schlesien aber dann in Joseph Wittigs Alter ereignet. Gegen Ende des Krieges wurde er nämlich schwer krank, und diese Krankheit brachte ihn an den Rand der Verzweiflung, weil keiner der Ärzte die Ursache fand und eine falsch geführte Herzspritze auch noch zu einer Lähmung des linken Armes führte. Dazu kamen dann nach Kriegsende durch plündernde Soldaten und anderes Gesindel lebensbedrohliche Angriffe auf sein Haus und seine Familie. Die Passion und Kreuzigung Jesu bildete sich so ganz real in seinem Leben ab; nicht nur durch die Schmerzen und bittere Erfahrung der Krankheit und die brutalen Angriffe auf Haus und Familie, sondern auch durch die tiefen Demütigungen, die damit verbunden waren. Die frommen Schwestern in der Klinik betrachteten das alles als göttliche Strafe für seinen Abfall von der Kirche. Die Ärzte warfen ihm Schlafmittelmissbrauch vor und unterwarfen ihn einer strengen Entziehungskur.

»Ich bin wohl bis dahin noch nie so tief gedemütigt worden. Ich wurde so klein und hässlich, dass ich mich am liebsten selbst angespuckt hätte«, schreibt Wittig in seinen Tagebuchblättern aus jener Zeit, die später – erst posthum – herausgekommen sind unter den Titel »Roman mit Gott«.[104] Darin schildert er mit ganzer – fast brutaler – Offenheit sein damaliges Erleben. »Was ist mir?, bin ich wahnsinnig geworden?«, heißt es da. »Es wäre kein Wunder. Seit Jahren nicht mehr gesund, seit einem halben Jahr ausgesprochen gemütsleidend, in Folge einer falsch geführten Herzspritze gelähmt am linken Arm, verkrüppelt an der linken Hand, voller Nervenschmerzen am ganzen Körper, das Angesicht getrübt, seit fünf Monaten der Feind im Lande, mein Haus siebenmal geplündert, keinen Rock mehr zum Anziehen, kein Hemde zum Wechseln, kaum mehr ein Topf oder Säcklein in der Speisekammer, der Tisch aufs Äußerste mager, die Kinder schon böse vor Hunger … und kein Gott regt sich vom Himmel; keiner der Engel, der Gottesboten, die bis vor wenigen Jahren unser Haus betreut haben, zeigt sich uns. Kein Gott und kein Engel, keiner der hilfreichen Heiligen, scheint mehr zu existieren oder hat nie existiert und lebte nur in unseren frommen Einbildungen. Unter solchen Umständen mag ich für mein Buch weder der Anspruch auf Wahrheit und Klarheit, noch auf logischen Zusammenhang und künstlerische Darlegung erheben. Halb wahnsinnig und ganz geistesarm schreibe ich alle Ungeheuerlichkeiten nieder, die mir

---

[104] Wittig (1950), neu erschienen 1990, S. 89.

in langen schmerzensreichen Nächten eingekommen sind. Und den Kern aller dieser Ungeheuerlichkeiten bildet die Aussage: der Gott, den ihr euch vorstellt und von dem die meisten von euch abgefallen sind, und von dem sie, wenn sie überhaupt noch etwas wissen wollen, nichts mehr wissen wollen, der existiert nicht. Ihr braucht ihn nicht zu fürchten und nicht erst zu leugnen; er existiert nicht!«[105]

Wittig gab diesen Aufzeichnungen später den Titel »Roman mit Gott«, denn sie sollen »die Geschichte und den Ausgang meiner unglücklichen Liebe zu dem, was man gewöhnlich Gott nennt, erzählen«[106]. Der Ausgang war tröstlich. Im März 1946 erreichte ein Telegramm der kirchlichen Behörde das Häuschen in Neusorge mit der kurzen Nachricht: »Joseph Wittig frei von Exkommunikation« – ohne weitere Begründung. »Man sagte, der polnische Bistumsverweser von Breslau oder der polnische Kardinal Hlond habe es betrieben und erreicht zum Tort gegen die deutsche Geistlichkeit.«[107] Für Wittig war das Entscheidende, Beglückende, dass er nun die Eucharistie wieder empfangen durfte, denn er war und blieb seiner Katholischen Kirche tief verbunden. – Dann, nachdem Wittig mit der Familie aus der geliebten Heimat vertrieben worden war und in Altena in Westfalen eine erste Bleibe gefunden hatte, wurde ihm von einem guten Arzt ein großer Stein aus der Galle entfernt, der sich als Ursprung aller seiner vorhergehenden Leiden erwies. So endet der »Roman mit Gott« mit den Worten: »So hat Gott der Vater alles vollendet, und ihm sei alles gedankt, was er seinem alten Diener und Schreiber Joseph Wittig getan und bereitet hat.«

Es ist aber wichtig zu wissen, dass Wittig kein Wort von dem, was er in jenen »schmerzensreichen Nächten« niedergeschrieben hatte, zurücknehmen oder verändern wollte. Er nannte es sein »Testament« und sein »wichtigstes Buch«. Als es dann um die Veröffentlichung ging und die Befürchtungen von Freunden und Familie, dass dadurch der eben erlangte Friede mit der Kirche und die damit verbundene kleine Pension gefährdet würden, ihm zusetzten, zog er seine Zustimmung zur Veröffentlichung zwar zurück, schrieb aber dazu sarkastisch: »Es ist das Wahrste, was ich je geschrieben habe, aber nicht für die Kirche der Wahrheit zu brauchen.«[108] Erst nach seinem Tod, als vonseiten der kirchlichen Behörde die Wiederaufnahme

---

[105] Ebd., S. 13 ff.
[106] Ebd., S. 12.
[107] Ebd., S. 220.
[108] Wittig (1949).

Wittigs als Rückkehr eines reuigen Sünders dargestellt wurde, hat sich Frau Bianca Wittig – zur Widerlegung dieser Behauptung – dazu entschlossen, das Manuskript zur Herausgabe freizugeben.

Was steht hinter diesen Befürchtungen und Auseinandersetzungen? Was ist die Wahrheit, die nach Wittigs Worten in der Kirche nicht zu brauchen ist? Nun, es ist der »Atheismus«, zu dem sich Wittig in seinem Buch bekennt, bzw. sein »Abschied vom Gott der Theologen«, wie Joachim Köhler das genannt hat.[109] Es ist die Leugnung des Gottes, den die Dogmatiker im Anschluss an die griechisch-römische Philosophie als ein höchstes, allmächtiges, allwissendes, allgütiges, allgegenwärtiges Wesen in den Himmel gemalt hat. »Leider hat die Welt und auch die Christenheit den Gottesbegriff der Philosophen und Scholastiker sich ganz zu eigen gemacht und den also begriffenen Gott entweder angebetet oder geleugnet, wodurch die Menschheit in zwei feindliche Lager gespalten wurde und viele Menschen an Gott und der ganzen Religion irre wurden.«[110] Der wirkliche Gott, der Vater Jesu Christi, muss dagegen »etwas unendlich Kleines und Elendes sein, elender noch als der angeschimmelte Herrgott vom Heinrich Herden (das Kruzifix über dessen Stalltüre). Nicht allmächtig, nicht allweise, nicht allheilig, nicht allgerecht, sondern unendlich klein und zart und schwach, flatternder als der goldene Falter und zerstörbarer als der Farbenstaub auf dessen Flügel.«[111] Er erscheint bei der Taufe Jesu »wie eine Taube; ein flimmerndes und flatterndes Wesen, das sanfteste und zärtlichste, was zwischen Himmel und Erde schwebt.«[112] Um ihn zu erkennen, muss man selbst schwach und elend werden, wie Wittig am eigenen Leib erfährt. Eben darum erkennt die etablierte Kirche, insbesondere ihre Amtsträger und Theologen, diesen Gott nicht mehr. »Der gesunde und wohlbestallte Mensch ist viel zu robust, um auf das linde Wehen der feinsten himmlischen Wahrheiten zu reagieren.«[113] Darum ist die Kirche ganz unter die Herrschaft des fremden Gottes geraten, des höchsten Wesens im Himmel, dieses philosophischen und dogmatischen Gespenstes.

Nur »Abschied vom Gott der Theologen«, nicht auch vom Gott der Bibel? Wird nicht in der Bibel beides bezeugt: die Selbsterniedrigung Gottes in

---

[109] Vgl. dazu Köhler (2000), S. 154 ff.
[110] Wittig (1990), S. 18.
[111] Ebd., S. 21.
[112] Ebd., S. 172
[113] Ebd., S. 58.

Christus, in dem Kind in der Krippe und dem Mann am Kreuz, und seine Erhabenheit als allmächtiger Herr und Schöpfer der Welt? Ist also dies Gottesverständnis Wittigs nicht einseitig? Ja, gewiss, es ist einseitig, und Wittig hat das auch nie bestritten. »Mein Werk ist wie das eines Malers«, schreibt er, »der unbekümmert von Orthodoxie oder Heterodoxie seine Striche und Farben auf die Leinwand setzt und es dem Beschauer überlässt, ob er Wohlgefallen daran finden oder Nutzen für seine Seele daraus schöpfen will ... er weiß, dass man vor zehn Jahren anders malte und nach zehn Jahren anders malen wird; er weiß, dass es in seiner Kunst keine immerwährende Unfehlbarkeit gibt ... Vielleicht, ach sogar wahrscheinlich, ist alles oder das meiste, was in diesem Buche steht, falsch, aber nicht falscher als das, was in meinen schöneren, dem gottgläubigen Gemüt wohlgefälligeren Büchern steht.«[114] Die Frage ist: Warum berührt dies einseitige Gotteszeugnis stärker als die »immerwährende Unfehlbarkeit« dogmatischer Sätze? Doch darum, weil darin eine wirkliche, unmittelbare Erfahrung zum Ausdruck kommt, weil hier einer aus unmittelbarer Betroffenheit vom Geheimnis Gottes spricht. Nur solche Sprache berührt wirklich – nicht nur den Kopf, sondern das Herz, bewirkt also wirklichen Glauben. Ist nicht die ganze Bibel eine Sammlung solcher unmittelbarer Erfahrungen sowohl der Macht wie der Ohnmacht Gottes, die unvermittelt nebeneinanderstehen? Was bedeutet das aber für die Theologie und die Kirche?

4. Die neue Kirche[115]

Nach seiner Exkommunikation wurde Wittig von verschiedenen Seiten angegangen, sich doch nun einer anderen Kirche anzuschließen. »Was nun? Wohin gehören Sie denn eigentlich? Sie müssen sich doch für irgendeine Kirche entschließen«, so wurde ihm geschrieben. Und er antwortet darauf: »Ich habe wohl nie im Leben ein dümmeres Gesicht gemacht«, und fährt dann fort: »Mein Dom ist jetzt der blaue Himmel und das Vaterhaus mein Hochamt.«[116] Es schien ihm, dass diese verschiedenen Kirchen heute den ganzen Himmel mit Vogelkäfigen vollgestellt hätten. Kaum war man einem entronnen, so sollte man gleich in einen anderen eingefangen werden. Daran wird deutlich, dass er seine Exkommunikation nicht nur als Schmerz und Verlust, sondern auch als Befreiung erlebt hat. Er fühlte sich aus der

---

114 Ebd., S. 193.
115 Vgl. dazu Kremers (2000), S. 177 ff.
116 Wittig (1929), S. 338 f.

Kirche »herausgeboren«. »Es geschah als ›Ausstoßung‹ unter vielem Weh- und Klagegeschrei im ganzen Leib der Kirche. Aber Geburten auf Erden geschehen so.«[117] Er liebte und verehrte die Mutter Kirche immer noch, aber nicht mehr als unmündiges Kind, das sich unter dem großen Schutzmantel dieser Kirche bergen musste, sondern als erwachsener Sohn. Und als er nach dem Krieg wieder »in den Schoß« der Kirche aufgenommen wurde und wieder mit seiner Familie an den feierlichen Gottesdiensten in Altena teilnehmen konnte, schrieb er an den Freund Eugen Rosenstock-Huessy: »Als ich plötzlich aus dem urchristlichen Puritanismus meiner letzten Jahre in das hochkultivierte kirchliche Leben der katholischen Gemeinde in Al- tena versetzt wurde (Pracht der Gewänder, Kerzen, Weihrauch, Musik, alle Künste und Klänge, Blumen, Fronleichnamsprozession), dachte ich, mein gottesdienstliches Leben in den letzten zwanzig Jahren und überhaupt der Kult der Evangelischen sei viel stärker nach dem Geist Christi als dieses katholische Gepränge, das wie ein gnostische Verzauberung wirkte. Sollte ich nicht lieber kehrt machen?«[118] – Warum auch die evangelische Kirche als Heimat für seine Seele nicht infrage kam, wurde oben schon dargestellt und auch in dem zitierten Brief sofort erläutert.

Was aber dann? Eine christliche Solo-Existenz war für ihn ebenso wenig möglich. Er war auch nie zu einer solchen gezwungen. Als kirchliche Freunde ihn nach seiner Exkommunikation wegen seiner Vereinsamung bedauerten, konnte er nur lachen. Er war nie einsam. Immer stand eine treue Leserge- meinde zu ihm, die ihn mit Briefen überhäufte, für deren Beantwortung er sich viel Zeit nehmen musste. Und das Heim, das er sich nach seiner Exkommunikation in Neusorge geschaffen hatte, wurde bald von einer wachsenden Zahl von Menschen aufgesucht. Es wurde fast eine Art »Wall- fahrtsort« für Menschen aus den verschiedensten geografischen und geistigen Himmelsrichtungen, sodass er oft mühsam um die Stunden der Stille für seine schriftstellerische Arbeit kämpfen musste. Es versammelte sich also hier eine ganz merkwürdige »Gemeinde«, zum Teil erklärte Atheisten, etwa ein junger Gelehrter aus Böhmen namens Leo von Skrbensky, ein scharfer philosophischer Geist, der nach frommer Jugenderziehung zum Atheisten geworden war. Er war an beiden Füßen gelähmt, ließ sich aber nach Neusorge bringen, weil er Wittigs Bücher liebte als »die einzigen, in denen keine Lüge

---

[117] Ebd., S. 344.
[118] Wittig in einem Brief; siehe Pachnicke (1993), S. 417 f.

vorkommt«. – Was diese so vielgestaltete Gemeinde zusammenhielt, war allein das Lebenszeugnis des Hausherrn, das Zeugnis von der umfassenden Menschenfreundlichkeit Gottes. Und eben so war sie die Urzelle der Kirche, die Wittig bewusst oder unbewusst ersehnte und suchte.

Ist das nicht sektiererisch? Eine Schar von Menschen, die sich um einen besonderen Theologen versammeln, der zum Propheten hochstilisiert wird? – Es wäre sektiererisch, wenn Wittig irgendeine neue Lehre verkündigt hätte. Aber das war überhaupt nicht der Fall. Er wollte nur den Glauben, den er in seiner Kirche empfangen hatte, *leben* – wenn nicht innerhalb, so eben außerhalb der verfassten Kirche. Er hat also auch nicht einen freundlich lächelnden Gott im Himmel verkündigt, der allen Menschen gnädig wäre, sondern ganz den ebenso gerechten wie gnädigen Gott, der in Christus in der Welt erschienen und aus dem die christliche Kirche erwachsen ist. Darum war die Hausgemeinde in Neusorge wirklich eine Art Keimzelle dieser Kirche. Man könnte sie auch eine »Stammzelle« nennen. Die Biologen haben bekanntlich herausbekommen, dass in einer Stammzelle die ganze Anlage des Organs, dessen winzigster Teil sie ist, schon angelegt ist und dass darum aus solch einer Zelle der ganze Organismus neu entstehen kann. Das ist vielleicht einer der stärksten Hinweise auf die göttliche Schöpfung dessen, was wir »Natur« nennen. Solch eine göttliche Schöpfung oder Neuschöpfung ist nun aber auch die Kirche. Christus ist gleichsam die »Stammzelle«, aus der sie hervorgewachsen ist. Die Frage, ob er eine Kirche habe »gründen« wollen oder nicht, ist darum sinnlos. Sie ist aus seinem Lebenswerk erwachsen. Und jeder, der in den kirchlichen Organismus eingeleibt wird, der von dem neuen Leben ergriffen ist, das in ihm pulst, ist wieder eine »Stammzelle«, aus welcher der ganze Organismus neu erwachsen kann. »Was würde geschehen, wenn einmal die ganze Kirche zerstört, alle Bibeln verbrannt, der Papst und alle Geistlichen getötet würden? Wäre dann das Christentum am Ende?« So fragt Wittig einmal einen seiner Lehrer, und der Lehrer antwortet darauf: »Wenn dann ein einziges getauftes Knäblein oder Mägdlein am Leben bliebe, so wäre alles Christentum in ihm und es würde eine neue Kirche aus ihm hervorwachsen, wie dereinst aus Christus.«[119]

Das konnte Wittig nur mit größter Zustimmung aufnehmen und berichten. Die Kirche war für ihn eine Lebensrealität, sie war das aus Christus herausgewachsene neue Leben, das sich aus kleinsten Zellen wieder erneuern

---

[119] Wittig/Rosenstock-Huessy (1927/28), Bd. I, S. 173 f.

kann. Sie war da, »nicht nach Juristenbegriff gegründet, nicht mit kluger Berechnung organisiert. Sie wuchs aus den neuen, vollebigen Seelen hervor und war lauter Leben. Lauter Leben, das sich verkörpern muss, um auf Erden wirksam zu werden.«[120] Die äußeren Ordnungen, Formen, Organisationen der Kirche waren dagegen sekundär. Sie waren »die Projektion der christlichen Seele auf die Fläche der historischen Wirklichkeit«, wie Wittig in dem Aufsatz »Die Kirche als Selbstverwirklichung der christlichen Seele« dargestellt hat, der fast programmatisch am Anfang des Sammelwerkes »Das Alter der Kirche« steht.[121] Die kirchlichen Ordnungen sind notwendig, weil sich das christliche Leben in der historischen Wirklichkeit verkörpern will, und sie sind wandelbar, weil diese historische Wirklichkeit sich dauernd wandelt. Sie sind das Spalier, an dem der Baum der Kirche in der Welt befestigt werden muss, damit er in rechter Weise wachsen und sich entfalten kann; und sie sind das Messer in der Hand des Gärtners, mit dem wilde Triebe und Schmarotzerpflanzen beseitigt werden müssen. Wer sind diese Gärtner? Es sind oder sollten sein die Amtsträger und Theologen der Kirche, die im Dienst des großen Gärtners dazu berufen sind. Dabei ist aber größte Behutsamkeit erforderlich – wie beim Arzt, der in einen lebendigen Organismus hineinschneidet.

Zusammenfassend kann man sagen: Die Kirche, die Joseph Wittig mit der Seele suchte, war ein aus Christus erwachsender lebendiger Organismus, in dem vielfältigstes Leben gedeihen und sich entfalten darf. Die Amtsträger und Theologen können nie ein für allemal feststellen, was in der Kirche gilt und was nicht. Sie würden ja sonst das Spalier für den Baum nehmen. Sie können nur von Fall zu Fall zu entscheiden versuchen, was in dieser Kirche Gültigkeit beanspruchen darf und was nicht, was gesundes Wachstum ist und was nicht. Das aber, diese »Unterscheidung der Geister«, ist eine Gnadengabe, die nur erbeten werden kann, sie ist ein »Charisma« des Heiligen Geistes.

Literaturverzeichnis
– Wittig, Joseph (1913): *Das Papsttum – seine weltgeschichtliche Entwicklung und Bedeutung in Wort und Bild dargestellt.* Hamburg: Hansa-Verlag, 1913.
– Ders. (1922): *Herrgottswissen von Wegrain und Straße: Geschichten von Webern, Zimmerleuten und Dorfjungen.* Freiburg im Breisgau: Herder, 1922.

[120] Ebd., S. 82.
[121] Ebd., S. 75 ff.

– DERS. (1923): *Meine »Erlösten« in Buße, Kampf und Wehr.* Habelschwerdt: Francke, 1923.

– DERS. (1924): *Die Kirche im Waldwinkel und andere Geschichte vom Glauben und vom Reiche Gottes.* Kempten: Kösel & Pustet, 1924.

– DERS. (1925): *Leben Jesu in Palästina, Schlesien und anderswo.* München: Kösel & Pustet, 1925.

– DERS./ROSENSTOCK-HUESSY, EUGEN (1927/1928): *Das Alter der Kirche: Kapitel und Akten.* Band 1: 1927, Band 2: 1928, Band 3: 1927, alle verlegt in Berlin: Schneider, 1927/1928.

– DERS. (1929): *Höregott: ein Buch vom Geiste und vom Glauben.* 7.–10. Tsd., Gotha: Klotz, 1929

– DERS. (1930): *Aussichten und Wege.* Gotha: Klotz, 1930.

– DERS. (1948a): *Gold, Weihrauch und Myrrhe: Geschichten aus der verlorenen Heimat.* Köln-Lindenthal: Drei-Königen-Verlag, 1948.

– DERS. (1948b): *Novemberlicht: drei Skizzen über Allerseelen, Totensonntag, okkulte Erfahrungen und den Auferstehungsleib.* Kempen-Niederrhein: Thomas-Verlag, 1948.

– DERS. (1950): *Roman mit Gott: Tagebuchblätter der Anfechtung.* Stuttgart: Klotz, 1950. Neu erschienen in Moers: Brendow, 1990.

Daneben werden genannt:
– WITTIG, JOSEPH (1932): *Getröst, getröst, wir sind erlöst!: ein Buch von den Osterzeiten des Lebens.* Heilbronn: Salzer, 1932.

– DERS. (1949): *Brief an Werner Keuck v. 19.07.1949.* In: Pachnicke, Gerhard (Hrsg.) (1993): Kraft in der Schwachheit: Briefe an Freunde. Moers: Brendow, 1993.

– DERS. (1973): *Mit Joseph Wittig durch das Jahr.* Ausgew. u. zsgest. von Anca Wittig. Leimen (Heidelberg): Marx, 1973.

An Sekundärliteratur findet vorliegend Erwähnung:
– HAINZ, JOSEF (Hrsg.) (2000): *Abschied vom Gott der Theologen: zum Gedenken an Joseph Wittig (1878–1949) – fünfzig Jahre nach seinem Tod; Dokumentationen.* Eppenhain: J. Hainz, 2000.

– KAMPMANN, THEODERICH/PADBERG, RUDOLF (Hrsg.) (1975): *Der Fall Joseph Wittig fünfzig Jahre danach.* Paderborn: Verlag Ferdinand Schöningh, 1975.

– KÖHLER, JOACHIM (Hrsg.) (1980): *Joseph Wittig: Historiker, Theologe, Dichter.* München: Delp, 1980.

– DERS. (2000): .... In: Hainz, Josef (Hrsg.) (2000): Abschied vom Gott der Theologen: zum Gedenken an Joseph Wittig (1878–1949) – fünfzig Jahre nach seinem Tod; Dokumentationen. Eppenhain: J. Hainz, 2000, S. 154 ff.

– KREBS, ENGELBERT (1928): *Tagebuch, Aufzeichnung vom 30.11.1928* (Nachlass Engelbert Krebs im Universitätsarchiv Freiburg. Bestandsnummer: C0126, Signatur: 31, Laufzeit: 1928–1932). Siehe das Verzeichnis des Archivs unter https://www.uniarchiv. uni-freiburg.de/bestaende/Fremdprovenienzen/nachlass/c0126/findbuchc0126.

– KREMERS, RUDOLF (2000): *Joseph Wittig und die Zukunft der Kirche*. In: Hainz, Josef (Hrsg.) (2000): Abschied vom Gott der Theologen: zum Gedenken an Joseph Wittig (1878–1949) – fünfzig Jahre nach seinem Tod; Dokumentationen. Eppenhain: J. Hainz, 2000, S. 177 ff.

– NESTLE, DIETER (2000): *Lutherus redivivus?,* in Hainz, Josef (Hrsg.): Abschied vom Gott der Theologen: zum Gedenken an Joseph Wittig (1878–1949) – fünfzig Jahre nach seinem Tod; Dokumentationen. Eppenhain: J. Hainz, 2000, S. 138 ff.

IV. Eugen Rosenstock-Huessy[122]

Lebensdaten

1888	Am 6. Juli geboren in Berlin als Sohn des Bankkaufmanns Theodor Carl Rosenstock und seiner Ehefrau Paula geb. Rosenstock
1906–10	Studium der Rechtswissenschaften in Zürich und Heidelberg
1906	Evangelische Taufe
1910	Promotion in Heidelberg
1912	Habilitation in Leipzig
1912–14	Privatdozent in Leipzig
1914	Heirat mit Anna Margarethe Huessy
1914–18	Kriegsdienst als Artillerie-Offizier an der Westfront
1919	Gründung einer Werkzeitung bei den Daimlerwerken in Stuttgart
1921	Mitbegründer einer »Akademie der Arbeit« in Frankfurt
1923	Zweite Promotion in Heidelberg über ein soziologisches Thema Berufung an die Universität Breslau als Ordinarius für Soziologie und Geschichte
1928	Gründung der »Arbeitslager für Arbeiter, Bauern und Studenten«
1933	Öffentliche Absage an das »Dritte Reich« Daraufhin Beurlaubung und Ausreise in die USA
1934–36	Dozent an der Harvard University
1936	Wechsel an das Dartmouth-College in Hannover (New Hampshire)
1939–40	Gründung des Camp William James, aus dem das Peace Corps hervorgegangen ist
1941–45	Offiziersausbilder in den US-Army Forces
1950	Gastdozent an der Universität Göttingen
1957	Emeritierung Im Sommersemester: Gastdozent in Münster (Westfalen)
1973	Am 24. Februar verstorben in Norwich

---

[122] Vgl. dazu Vos (1997).

Hauptwerke

– *Die Hochzeit des Kriegs und der Revolution.* 1920
– *Das Alter der Kirche: Kapitel und Akten.* 1927/1928
– *Die europäischen Revolutionen: Volkscharaktere und Staatenbildung.* 1931
– *Out of Revolution: Autobiography of Western Man.* 1938
– *The Christian Future or The Modern Mind Outrun.* 1946
– *Soziologie, Band I: Die Übermacht der Räume.* 1956
– *Soziologie, Band II: Die Vollzahl der Zeiten.* 1958
– *Die Sprache des Menschengeschlechts: eine leibhaftige Grammatik in vier Teilen.* 1963/64
– *Dienst auf dem Planeten: Kurzweil und Langeweile im 3. Jahrtausend.* 1965.

1. Die »Wortverkörperung«

Der vierte der hier vorgestellten Querdenker ist ebenso wie der erste kein Theologe, jedenfalls kein akademischer oder praktischer Theologe. Das ist kein Zufall, sondern zeigt die Distanz und Spannung, in der alle hier vorgestellten Denker zur herrschenden theologischen Wissenschaft standen. Eugen Rosenstock-Huessy (im Folgenden mit ERH bezeichnet) hat das einmal in einem Rundfunk-Interview so ausgesprochen und begründet: »Ich habe seit meinem 15. Jahr Geistlicher werden wollen, aber immer gewusst, ich müsste das als Laie werden [...] Ich habe gesagt: Ich will Pfarrer werden, aber nicht als Theologe. Eigentlich nur, was der Pfarrer tat, hat mich interessiert: die Gemeindebildung. Aber ich hatte irgendwie ein dumpfes Gefühl, mit der Theologie sei das noch viel komplizierter wegen der Sprache, wegen des Logos. Man braucht ja nur eine Weile Pfarrern zuzuhören, dann weiß man, dass sie nicht die Wahrheit sagen. Ich aber wollte die Wahrheit sagen. Das ist sehr schwierig.«[123] – An dieser Äußerung wird deutlich, wie früh ERH schon von der Frage umgetrieben wurde, was es denn heißt, die Wahrheit zu sagen, und dass die Predigten, die er zu hören bekam, vor dieser Frage offenbar nicht bestehen konnten. Ohne Übertreibung kann man sagen, dass diese Erfahrung und die dadurch erweckte Suche nach der Möglichkeit, die »Wahrheit zu sagen«, die Grundtendenz seines ganzen Lebens und Denkens waren. Er hat zwar nach Abschluss der Schulzeit Rechtswissenschaft studiert, aber mehr als »Brotberuf«, weil der Vater ihm einmal verdeutlicht hatte, dass

---

123 Eugen-Rosenstock-Huessy-Gesellschaft (1984), S. 2.

er – als einziger Sohn des Hauses – einmal fähig sein müsste, für die Familie zu sorgen. Aber seine ganze Liebe galt der Sprachwissenschaft. »Seit 1902 hat mein bewusstes Leben unter dem Kennwort ›Sprache‹ gestanden«[124], schreibt er in seinen autobiografischen Fragmenten.

Gleich nach dem Abitur ließ sich ERH evangelisch taufen. Das geschah nicht aus Gründen der äußeren Assimilation an die christliche Kultur, in der er von seinem Elternhaus her ganz beheimatet war, aber auch nicht aufgrund einer besonderen Bekehrung, sondern ergab sich ganz folgerichtig aus seiner geistigen Entwicklung. Über sein Elternhaus schrieb er einmal an den Freund Franz Rosenzweig: »Es ist, wie das Ihrige, gutmütig, klugheitsanbetend, in Selbstauflösung begriffen.« Es war also bestimmt von der im 19. Jahrhundert herrschenden Tendenz im deutschen Judentum, sich in die deutsche Kultur hinein aufzulösen. Seinen eigenen geistigen Weg kennzeichnet Rosenstock in demselben Brief dagegen mit den Worten: »Ich glühe deutsche und jüdische Besitztümer ein beim Versuch, ein Christ zu werden.«[125] Das ist bezeichnend für ihn: Erst gläubig, von den religiösen Traditionen bestimmt, in denen er aufgewachsen war, dann Christ.

Das Sprachinteresse, das Rosenstock nach seinen eigenen Aussagen von seinem fünfzehnten Lebensjahr an bestimmt hat, fand seinen ersten schriftlichen Niederschlag in einer Reihe von Briefen, die er im Kriegsjahr 1916, also während seines Fronteinsatzes, für seinen Freund Franz Rosenzweig verfasste. Diese Sprachmeditationen stehen heute unter dem Titel »Angewandte Seelenkunde« am Ende des ersten Bandes von »Die Sprache des Menschengeschlechts«, und man kann sagen, dass darin in nuce schon die ganze Sprachlehre dieses zweibändigen Werkes enthalten ist. – Die Sprache, das wird darin entfaltet, ist das Medium der Seele, wie die Logik das Medium der Philosophie und die Mathematik das Medium der Naturwissenschaften ist. Die Wahrheit dieser Aussage tritt in der Entwicklung eines jeden Menschenkindes klar zutage. »Das Erste, was dem Kind, was jedem Menschen widerfährt, ist, dass es angeredet wird. Es wird angelächelt, gebeten, gewiegt, getröstet, gestraft, beschenkt, gesättigt. Es ist zuerst ein Du für ein mächtiges Außenwesen: vor allem für die Eltern.« Dann erst, nachdem es sich als angeredetes »Du« erfahren hat, lernt es auch »ich« sagen. »Das bekannte verstockte Neinsagen vieler Kinder, der ›Bock‹, ist ja

---

[124] Rosenstock-Huessy (1968).
[125] Ders. (1916).

nur die praktische Nutzanwendung aus dem Antworterlebnis des zugrundeliegenden ›ich bin ich‹. – Erst das Dritte ist es dann, dass die Dinge der Welt entdeckt werden, die zwar vom Menschen benannt werden, die ihm aber keine Antwort geben und von denen er nicht angeredet werden kann, die dritte Person des Er, Sie und Es.«[126] Diese Erkenntnis des Wesens von Seele und Sprache, von der unlösbaren Verbindung von beidem, ist von grundlegender Bedeutung für das Denken ERHs. Es wird nämlich deutlich: Der Mensch *hat* weder eine Seele, noch kann er von sich aus sprechen. Vielmehr wird er erst zur »lebendigen Seele« im Hören auf einen Anruf und kommt erst zum Sprechen, indem er auf diesen Anruf antwortet. Alles, was Menschen sagen können, ist Antwort auf das, was vorher zu ihnen gesagt wurde, und durch diese eigene Antwort schaffen sie mit an der Zukunft des Menschengeschlechts.

Das bedeutet aber: Die ganze Menschheitsgeschichte ist Verleiblichung, »Verkörperung« des Wortes. Nicht nur in Christus und in der Kirche wird das Wort Fleisch, sondern überall, wo wirklich gesprochen wird. »Der Satz ›Das Wort ist Fleisch geworden‹ wird entweder auch sonntags unwahr werden, oder wir werden ihn werktags nüchtern bewahrheiten müssen«, schreibt ERH, »etwa so: nur das Wort, das Fleisch wird, ist Wort.«[127] Diese Auffassung der Fleischwerdung des Wortes in jeder wirklichen Sprache, also in dem ganzen Sprachstrom, der von Adam bis zum Jüngsten Tag fließt, dessen Höhepunkt nur das Christusgeschehen ist, ist wohl ein entscheidender Unterschied zu der traditionellen Kirchenlehre. Der Satz »Das Wort ward Fleisch« wird da ja exklusiv auf Jesus Christus bezogen. Was vorausgeht, ist vorausblickende Verheißung dieser Inkarnation, und was folgt, ist rückblickendes Zeugnis von ihr. In unserer Zeit hat Karl Barth in seiner unbedingten Konzentration auf das Christus-Ereignis diese überlieferte Glaubenslehre wieder glanzvoll zur Geltung gebracht. Die Begegnung zwischen diesen beiden großen christlichen Denkern des 20. Jahrhunderts ist darum sehr aufschlussreich und verlief ebenso spannend wie dramatisch.

Sie geschah kurz nach dem Ersten Weltkrieg. ERH hatte zusammen mit den Brüdern Ehrenberg sowie Leo Weismantel und Werner Picht den Patmos-Verlag gegründet, der zum Sprachrohr des neuen Denkens und Redens werden sollte, das ihnen während des Krieges aufgegangen war. Über

---

[126] Ders. (1963/64), Bd. I, S. 754.
[127] Ders. (1951), S. 14.

diesen Verlag kam es zur Begegnung mit Karl Barth, dessen Tambacher Vortrag »Der Christ in der Gesellschaft« auf Betreiben Hans Ehrenbergs bei »Patmos« veröffentlicht wurde. Darüber kam es zu sehr freundschaftlichen Kontakten und intensivem Briefwechsel sowohl mit Hans Ehrenberg als auch mit Eugen Rosenstock. Dabei zeigte sich von Anfang an sowohl die gegenseitige Anziehung wie die ebenso starke gegenseitige Abstoßung. Es ist ergreifend zu verfolgen, mit welcher Leidenschaft ERH das Gespräch mit dem damals noch recht unbekannten Schweizer Pfarrer sucht, obwohl von Anfang an die Gegensätze zwischen beiden sehr deutlich werden. Und auch Barth scheint diese Begegnung sehr positiv aufgenommen zu haben, denn schon bei der ersten persönlichen Begegnung bot er Rosenstock das Du an. Aber die Gegensätze wurden dabei nicht überspielt; denn sie ersparten sich gegenseitig nichts. Besonders die Kritik ERHs an Barth lässt an Schärfe nichts zu wünschen übrig.

Worin besteht diese Kritik? Sie entzündete sich besonders an der Lektüre des Kommentars zum »Römerbrief«, der ja Barth berühmt gemacht hat. Rosenstock wirft Barth vor, dass er darin Paulus nicht interpretiere, sondern »dementiere«. Während Paulus die Rechtfertigung des Sünders als wirkliches Geschehen in der Welt bezeuge, mache Barth daraus eine bloße göttliche »Erklärung«. Aber »Ist das Heil nicht wirklich *in* die Welt gekommen?«, so fragt er. »Hat Gott sich nicht unser erbarmt? Redet Paulus von transzendentalen Kräften eines neuen Äon oder von einem Vater da oben 50 Millionen Kilometer weit weg – oder spricht er von dem Mensch gewordenen Gottessohn?«[128] Und im Blick auf Barths Übersetzung des griechischen Wortes »Pistis« mit »Treue Gottes« spricht er von seinem »Objektivitätsfimmel«[129]. Barth versucht mithin, nach ERHs Meinung, den christlichen Glauben gleichsam abzusichern, indem er ihn auf objektiv gegebene Gottesverheißungen gründet. Dass das Wort »glauben« immer auch ein subjektives Moment enthält, wird dabei bewusst übersehen. Barths Antwortbriefe sind leider verlorengegangen, aber seine Gegenkritik wird nicht weniger deutlich gewesen sein.

Was ist Offenbarung Gottes? Wie ist sie geschehen, und wie geschieht sie? Darum geht es in dieser Auseinandersetzung. »Sie glauben an Moses und die Propheten und Christus, also an eine historische Offenbarung. Aber ich

---

128 Ders., Brief vom 18.11.1919.
129 Ders., Brief vom 5.3.1920.

blicke um mich und sehe *seit* Christus eine *geschehende* Offenbarung«[130], schreibt ERH. Das war der Gegensatz. Rückblickend möchte man bedauern, dass dies Gespräch schließlich abgebrochen wurde. Ist der Eine nicht das notwendige Korrektiv des Anderen? So hat das ERH anfangs auch selbst gesehen; denn in einem seiner ersten Briefe an Barth heißt es: »Vielleicht müssen wir so umgekehrt sprechen, um unsere übrigen sprachlosen Lebensbestandteile dadurch zur richtigen Fülle zu ergänzen [...] Ich bedarf so sehr rücksichtsloser Kontrolle und Schutzhaft. Ich bitte Sie um Ihren Widerstand. Dann werden wir Frieden haben.«[131] Ob Barth auch so gedacht hat, ist nicht mehr zu ergründen; aber er war wohl weniger bereit, dieses Gespräch fortzusetzen. Denn dass es schließlich zum radikalen Abbruch der Beziehung kam, ist sicher auf Karl Barth zurückzuführen. Jedenfalls ist bezeichnend, dass er in seiner vielbändigen »Kirchlichen Dogmatik« ERH kein einziges Mal erwähnt. Das ist umso erstaunlicher, als sonst in diesem Werk alle wichtigen Theologen und auch Philosophen der Vergangenheit und Gegenwart zur Sprache kommen. ERH war für Barth da offenbar kein ernst zu nehmender Gesprächspartner mehr. – Rosenstock selbst hat sich dagegen in seinen Schriften vielfältig mit Barth auseinandergesetzt – aber eben nicht mehr persönlich und direkt. Aus dem Gespräch wurde so nur gegenseitige Kritik und Distanzierung.

Im Rückblick hat ERH später diese Auseinandersetzung so geschildert: »Er [Karl Barth, d. Verf.] entdeckte sie [die katholische Lehre der Väter, d. Verf.] erst wieder. Ich fragte: Was dann? [...] Er fragte: Was ist das Wort? Wir: Wie wird das Wort wirksam? Er rief die Liberalen zur Ordnung, weil sie die gesunde Lehre zugunsten des neuesten Ohrenschmauses aufgegeben hatten. Wir gingen davon aus, dass man nicht rückwärts leben kann. Die Ohren, die einmal gegen die gesunde Lehre taub geworden sind, können niemals durch die bloße Wiederholung der Lehre erlebnisfähig werden«[132]. In diesen Sätzen wird die Differenz sehr deutlich. Rosenstock fragt, so scheint es, nach dem »Wie«. Wie muss das Wort gesagt werden, damit es »glaubwürdig klingt«, damit es »wirksam wird«? Und eben die besondere Betonung dieser Frage betrachtete Barth immer mit tiefem Misstrauen. Sein befreiender Aufruf war ja: Lasst uns zuerst und vor allen Dingen klären, *was* wir zu sagen haben. Das »Wie« wird sich dann schon finden. – Und

---

[130] Ders., Brief vom 29.12.1919.
[131] Ders., Brief vom 23.12.1919.
[132] Ders. (1968), S. 82 f.

doch ist das nur scheinbar der Punkt, um den es in dieser Auseinandersetzung ging. Auch Rosenstock fragte nämlich nach dem »Was«, nach dem Inhalt der Offenbarung, nur war dies »Was« für ihn keine »Sache«. Als Barth ihm einmal vorwarf, dass er und seine Freunde »nicht resolut in der Sache lebten«, antwortete er: »Dieser Satz hat keinen Sinn für mich. Ich weiß nicht, was das heißt, in einer Sache leben? Wie komme ich dazu, in einer Sache zu leben?«[133] Leben kann man nur in etwas Lebendigem, in diesem Fall in dem neuen Leben, das in Christus erschienen ist. »Wenn Barth aber von Christus redet, wird's immer wie tönendes Erz«, so schreibt ERH an Eduard Thurneysen. »*Dieser* Christus ist bloß ein Schlagwort, eine Vokabel, ist *unglaubwürdig*« – und: »Barth übersetzt nirgends das Wort Christus ins lebendige Heutige. Dies tote Wort ist der Nullpunkt, auf den er die Theologie herunterdemütigt.«[134] Weil es Rosenstock darum ging, dass das neue Leben, das in Christus erschienen ist, sich in der Gegenwart neu verleiblicht, darum war ihm die »Sachlichkeit« Barths unverständlich und verdächtig. Dass dieser Ruf »zur Sache« auch eine heilsame und notwendige Anfrage an bloße »Lebendigkeit« ist, dass weder emotionale Ergriffenheit allein noch nüchterne Sachlichkeit der zu bezeugenden Glaubenswahrheit gerecht wird, sondern nur beide zusammen – wie das ERH anfänglich ja durchaus empfunden hat (siehe oben!) –, ging dabei unter.

Rosenstock litt darunter, dass das neue Leben, das durch Christus in der Welt erschienen ist, in Kirche und Theologie so wenig erfahrbar wurde. In seinem ersten Buch nach dem Krieg mit dem Titel »Die Hochzeit des Krieges und der Revolution« schrieb er dazu: »Die Wahrheit steht heute wie ein nackter, lebloser Pfahl, wie eine künstliche Steinsäule ohne Wirkung [...] die Wahrheitspächter haben nur noch recht. Das aber genügt nicht zum Leben der Wahrheit [...] Wir alle leiten nicht mehr, so heilen wir nicht.«[135] Und für die Patmos-Gruppe heißt es in demselben Werk: »Wir aber wollen nichts sein als das kurze Kabelstück, welches den Riss zwischen gestern und morgen gläubig überwindet. Ohne diesen Durchgang durch das enge Tor der Zeit stirbt der Geist.«[136] In Krieg und Revolution, die er beide mit durchlitten hatte, vernahm ERH einen wirklichen Anruf Gottes. Beide »sind nur dazu da gewesen, damit uns Gott an sich reißt und durch

---

[133] Ders., Brief v. 18.3.1920.
[134] Ders., Brief v. 18.2.1920
[135] Ders. (1920), S. XX.
[136] Ebd., S. 242.

uns hindurch unser Volk, und damit er so seinen Heilsplan vollstrecke«, schreibt er.[137] – Karl Barth und seinem Mitstreiter Eduard Thurneysen erschien das dagegen als eine deutsche Nachkriegsschwärmerei. »Mir kommt alles vor wie ein geistreicher Rausch und Nebel rausgeboren aus dem Elend der deutschen Lage«, schreibt Thurneysen an seinen Freund.[138] So mündete das so hoffnungsvoll begonnene Gespräch in Unverständnis und schließlich in Schweigen.

2. Volksbildung und Universität

Weil Rosenstock danach Ausschau hielt, wie aus den Ruinen, die der Weltkrieg hinterlassen hatte, neues Leben hervorwachsen könne, und weil er zutiefst überzeugt war, dass weder die herrschende Theologie noch die herrschende Wissenschaft oder Politik dafür die rechte Hilfe seien, hat er sich allen – an sich verlockenden und lukrativen – Stellenangeboten, die ihn nach dem Krieg aus diesen drei Gebieten erreichten, verweigert. Der deutsche Innenminister Breitscheid bot ihm die Stelle eines Staatssekretärs zur Ausarbeitung der neuen Verfassung an. Der Herausgeber der katholischen Zeitschrift »Hochland« suchte ihn als Mitherausgeber zu gewinnen, und von der Universität Leipzig wurde ihm eine Professur angetragen. Rosenstock entschied sich aber für eine Tätigkeit, die damals noch viel ungewöhnlicher war als heute. Er wurde Verfasser einer Werkzeitung bei den Daimler-Werken in Stuttgart. Er entschied sich also für die Arbeit am »härtesten Holz«, am Industriearbeiter. Erst als das Daimler-Werk seine Tore schließen musste, kehrte er – mehr der Not gehorchend als dem eigenen Trieb – zur Universität zurück. Er promovierte zunächst zum zweiten Mal in Heidelberg, diesmal über ein soziologisches Thema, und habilitierte sich gleich danach an der Technischen Hochschule in Darmstadt. Dann nahm er schweren Herzens einen Ruf an die Universität Breslau an: als Ordinarius für Soziologie und Geschichte. »Ich kann Ihnen versichern, ich bin hingegangen wie ins Grab«, sagte er dazu im oben erwähnten Interview. »Ich hielt das eigentlich für mich nicht erlaubt, denn ich hatte der Universität gesagt: ihr seid veraltet, so geht das nicht. Um das zu sühnen, bin ich dann in die sogenannte gestaltende Volksbildung mit Macht eingestiegen. Ich habe damals gearbeitet wie ein Pferd.«

---

137 Ders., Brief v. 18.11.19 an K. Barth.
138 Ders., Brief v. 12.6.1920.

In Breslau entstand eine enge Freundschaft mit dem oben vorgestellten Theologen und Volksschriftsteller Joseph Wittig. Aus dieser Freundschaft erwuchs u. a. ein gemeinsam verfasstes dreibändiges Werk mit dem Titel »Das Alter der Kirche«. Im Vorwort zu diesem kirchengeschichtlichen Werk heißt es: »Wir haben beide an dem Tisch der Kirche gesessen, von der wir in diesem Buch reden. Der eine kam von außen, der andere von innen; jener wurde in das Innere geladen, dieser nach außen gestellt, so dass wir sie beide von innen und außen sehen konnten. In der Tür trafen wir uns und wussten sogleich, dass wir Freunde seien, und das, was der eine von innen, der andere von außen gesehen hatte, klang zusammen in unserer Unterredung, so verschieden auch unsere Sprache war, es wurde *eine* Sprache.«[139] Zwei verschiedene Sprachen, die doch zusammenklingen. Während zum Beispiel Rosenstock an einer Stelle von einem »totalen Erschöpfungsstadium der Papstkirche« spricht, schreibt Wittig im Rückblick auf das ganze Unternehmen: »Wir gaben dem Werk den Titel ›Das Alter der Kirche‹, weil wir hoffend wissen, dass an jedem Tag aus einem alten Testament ein neues hervorbricht.«[140] Das ist dasselbe, nur eben anders gesagt, ins Positive gewendet. Beiden Freunden ging es nicht nur um die Frage nach der kirchlichen Vergangenheit, vielmehr um die Frage, wie Kirche aus dieser Vergangenheit heraus heute und morgen neu Gestalt gewinnen könne. Rosenstock hat das in seiner prägnanten Weise einmal so formuliert: »Geschichte ist die Auslese all der bereits gestern angefangenen Zukunft aus dem Schutt mit Hilfe des Weitersagens.«[141]

Als drastisches Beispiel für das »Erschöpfungsstadium der Papstkirche« bzw. die alt gewordene Kirche, aus der eine neue hervorbrechen muss, wird dann im dritten Band dieses Werkes der »Fall Joseph Wittig«, seine Auseinandersetzung mit der Papstkirche, die zur Exkommunikation führte, dargelegt. Darunter war auch die schon oben im Wittig-Kapitel erwähnte Schrift Rosenstocks anlässlich der Amtsenthebung seines Freundes mit dem Titel »Religio depopulata«. Rosenstock hat darin seinem Freund ein wunderbares Denkmal gesetzt. Vor allem aber ging es ihm darum, an diesem »Fall« deutlich zu machen, woran die Kirche bzw. die kirchliche Theologie krankte. »Sie begreifen nicht, dass er [Wittig, d. Verf.] spricht, wo sie denken«, heißt es da, »erzählt, wo sie memorieren, das Dogma durchlebt, wo sie Dogmatik

---

[139] Ders./Wittig (1927/1928), Bd. I, S. 29.
[140] Wittig (1929), S. 73.
[141] Rosenstock-Huessy (1963/64), Bd. I, S. 69.

wissen wollen.«[142] Die »Wahrheitspächter«, die Hüter der dogmatischen Überlieferung, von denen er in seinem Nachkriegsbuch geschrieben hatte, dass sie »nur noch recht haben«, können den die Wahrheit »sprechenden« Laien nicht verstehen und ertragen. »Von der durch die Scholastik heidnisch vergifteten Dogmatik der Papstkirche mit ihrer Spaltung der Geisteskräfte in Glauben und Wissen ist er [Wittig, d. Verf.] als zu vollwirklich, als zu vollsaftig, als zu lebendig und fröhlich nicht ertragen worden.«[143]

In die Breslauer Zeit fiel aber nicht nur diese kritische Auseinandersetzung mit der Kirche und ihrer Geschichte, sondern auch eine reiche volksbildnerische Tätigkeit. Mit Werner Picht zusammen initiierte er die »Volkshochschule« und mit einem Kreis von Studenten die »Arbeitslager für Arbeiter, Bauern und Studenten«. Immer ging es ihm darum, die Kluft zwischen den sog. »Gebildeten« und »Ungebildeten« zu überwinden, in der er einen Grundschaden der deutschen Kultur erblickte. – Nach der Machtergreifung durch die Nationalsozialisten 1933 erkannte Rosenstock sofort, dass damit der Kampf um eine neue Gestalt des politischen und gesellschaftlichen Lebens in Deutschland und Europa verloren war. Er protestierte öffentlich gegen das Dritte Reich, verlor daraufhin seine Professur und emigrierte noch im selben Jahr in die USA. Durch Vermittlung eines Freundes konnte er dort an der Harvard-Universität eine Stelle als Privatdozent bekommen. Das war sehr ungewöhnlich, denn die Institution des »Privatdozenten« gab es in den USA gar nicht. Außerdem wusste man angesichts der von ihm angebotenen Vorlesungen nicht, in welcher Fakultät man diesen seltsamen deutschen Dozenten unterbringen sollte. Im Rückblick darauf und überhaupt auf seine Rolle in der akademischen Welt schrieb Rosenstock einmal: »Der Atheist wünschte, ich sollte in der Theologie verschwinden, die Theologen meinten, ich sei wohl ein Soziologe, die Soziologen murmelten, wahrscheinlich ein Historiker; die Historiker waren darob entsetzt und riefen: ein Journalist. Aber die Journalisten verdammten mich als Metaphysiker. Die Metaphysiker ihrerseits hielten Wache am Tor der Philosophie und fragten bei den Staatswissenschaftlern an. Die Juristen sind ja schon im Mittelalter als schlechte Christen bekannt gewesen, und so wünschten sie mich zur Hölle. – Damit konnte ich mich schließlich zufriedengeben, denn als Mitglied dieser Gesellschaft kommt unsereiner aus der Hölle nur für Augenblicke heraus.«[144]

[142] Rosenstock-Huessy/Wittig (1927/1928), Bd. III, S. 126.
[143] Ebd., S. 132.
[144] Rosenstock-Huessy (1958), S. 18.

3. Das Geheimnis der Sprache

In all diesen oft dramatischen Ereignissen und Kämpfen blieb der Grundtenor seines Lebens die Frage, wie denn die Wahrheit zur Sprache kommen, d. h. wie sie Gestalt gewinnen könne in der Welt. Auch während seiner ganzen Lehrtätigkeit in den USA blieb das so. Es war zwar eine Weile ein verborgener, ein unterschwelliger Tenor. Er hatte seine Antwort auf die Frage, sein Programm, schon im Kriegsjahr 1916 niedergeschrieben und ja auch in der Schrift »Angewandte Seelenkunde« veröffentlicht. Aber diese Programmschrift war ungehört verhallt, »wie ein geträllertes Liedchen im Kanonenfeuer verhallt«. Das Kanonenfeuer kam von den »riesigen Bastionen« der Wissenschaft, von den »herrschenden Großmächten der Philosophen, Psychologen, Logiker«[145], die auch nach dem Weltkrieg im alten Stile weiterregierten, als wäre nichts geschehen. Diesen Mächten musste sich Rosenstock noch einmal aussetzen, ja, er musste sich, wie er schreibt, von ihnen bezwingen lassen. »Mein eigenes Programm verschweigend, habe ich sie selber noch einmal müssen in mir zu Worte kommen lassen.« So erst konnte er sich die Mittel erwerben, die ihm »im Ersten Weltkrieg aufgegangene Wahrheit bis in die Bastion der herrschenden Mächte vorzutragen.«[146] Das geschah aber dadurch, dass ihm Fragen aus den verschiedenen Wissensgebieten gestellt wurden, auf die er Antwort zu geben versuchte. Als Mitunterrichtender in einem physikalischen Labor musste er sich mit dem naturwissenschaftlichen Denken auseinandersetzen. Ein Student der katholischen Scholastik wollte von ihm »die Wahrheit über die Jesuiten« hören. Ein anderer fragte ihn, was denn das Neue wäre, das er der herrschenden Wissenschaft entgegenzusetzen habe ... Dies alles ist der »Vor-Schrift« zu dem 1951 erschienenen Buch »Der Atem des Geistes« zu entnehmen. »Dieser Atem des Geistes«, schreibt Rosenstock da, »beginnt in den Mittelpunkten der gegnerischen Fächer, nämlich der Schulgrammatik, der Physik, der Theologie, der Pädagogik, der Metaphysik. Also die mir selber am fernsten stehenden Standpunkte dienen als Ausgangspunkt.«[147]

Seinen Abschluss aber fand das Ringen um das Geheimnis der Sprache, das gleichbedeutend ist mit dem Geheimnis der Seele, in dem zweibändigen Werk »Die Sprache des Menschengeschlechts«. In der Vorrede dazu schrieb ERH: »Diese Bände habe ich mir nicht ausgedacht. Sie geben kein Bild

---

145 Ders. (1951), S. 9.
146 Ebd., S. 12.
147 Ebd., S. 12.

eines Augenblicks oder eines Systems zeitloser Wahrheiten wieder. Sie sind das wunderbare Geschenk von drei Vierteln eines Jahrhunderts an einen Liebhaber des Wortes.«[148] Es handelt sich also dabei neben dem anderen großen Werk, der »Soziologie«, um die Ernte seines Lebens, die er nach seiner Emeritierung eingefahren hat. Dass es sich dabei weder »um das Bild eines Augenblicks« noch um ein »System zeitloser Wahrheiten« handelt, zeigt sich darin, dass die verschiedenen Aufsätze weder zeitlich noch systematisch zusammengestellt sind. Man kann nur sagen, dass es im ersten Band mehr um die grundsätzliche Frage nach dem Wesen der Sprache geht und im zweiten mehr um geschichtliche Beispiele für das Sprachgeschehen. Beides, das Grundsätzliche und das Exemplarische, das Wesenhafte und das in der Zeit Erscheinende, kann man aber bei ERH nicht sauber voneinander trennen. Er hat immer das Ganze im Blick. Es ist, könnte man sagen, ein organisches Denken. Wie die Stammzellen eines biologischen Organs den Bauplan des ganzen Organismus in sich tragen, so trägt auch jeder einzelne Aufsatz dieses Sprachwerkes das Ganze in sich. Vielleicht zeigt diese Beobachtung am deutlichsten den neuen Denkweg, den ERH eingeschlagen hat. Er weiß sich immer als Teil des geistigen Universums, aus dem und in dem das Menschengeschlecht lebt. Er gibt immer Antwort auf das, was ihm aus diesem Universum entgegenkommt. Alles distanzierte, objektivierende, feststellende Denken erweist sich ihm dabei als Sich-Absetzen von der ganzen Wirklichkeit; denn »Außenwelt existiert ja nicht«, so kann er schreiben, »es sei denn als die Brillennummer, die wir aufsetzen, um uns gegen die Welt als bloßen Außenraum abzusetzen.«[149]

Die ganze Wirklichkeit des Menschen konstituiert sich nicht nur als Außenraum, sondern auch als Innenraum; und nicht nur als Raum, sondern auch als Zeit, als Vergangenheit und Zukunft. Darum spricht Rosenstock vom »Kreuz der Wirklichkeit«, in dem der Mensch existieren, d. h. immer neu zu sich selbst finden muss. Er ist nicht nur Subjekt oder Objekt, d. h., seine Existenz hat nicht nur eine räumliche Dimension, sondern auch eine zeitliche. Er ist auch »Trajekt« und »Präjekt«, wie ERH das nennt. Er ist »Trajekt«, denn er ist von der Vergangenheit in die Gegenwart hineingeworfen, er ist von der Tradition her angerufen durch den Sprachstrom, in den er von Kindesbeinen an hineingestellt wurde. Und er ist »Präjekt«, denn er

[148] Ders. (1963/64), S. 19.
[149] Ders. (1951), S. 21.

ist von der Gegenwart in die Zukunft vorausgeworfen, er ist aufgerufen, ein neues Wort zu sagen, seine eigene Antwort auf den Anruf der Vergangenheit zu finden und so die Zukunft mitzuschaffen. Die Zukunft kommt nämlich nicht, wenn sie nicht angerufen bzw. ausgerufen wird. Ohne das gibt es nur Vergangenheit, die sich fortsetzt nach dem Gesetz von Ursache und Wirkung.

Das ist das Geheimnis der Sprache, das gleichbedeutend ist mit dem Geheimnis der Seele. Denn die Seele ist, wie oben schon dargestellt, der Mensch, der sich als ein »Du« angeredet weiß und daraufhin »ich« und »er, sie, es« zu sagen lernt. – Die Sprache ist also das Medium der Seele, wie die Logik das Medium der Philosophie und die Mathematik das Medium der Naturwissenschaften ist. Das sind sehr entscheidende Aussagen. Es geht dabei um eine total neue Auffassung des Sprachgeschehens, die sehr weit gehende Konsequenzen hat. Rosenstock spricht hier von einer »kopernikanischen Wendung der Grammatik«.[150] Worum geht es bei dieser Wendung? »Im Ptolemäischen Sprachall steht jeder Sprecher in der Mitte, wie einst der Planet Erde in der Mitte geglaubt wurde. – Das ist ungeheuerlich. Wir sprechen nur, weil wir hören müssen. Lasst uns also die Wendung des Kopernikus vollziehen. Und wir wollen uns aufgrund dieser Wendung die exzentrische Grammatik aufbauen.«[151] Die gegenwärtig herrschende Grammatik, die, wie ERH einmal sagt, »durch den Schulzwang in alle Gehirne eingefräst« wurde, hat die Hohe Schule von Alexandria entworfen, und sie hat von daher alles wissenschaftliche Denken geprägt. Sie erzeugt die Vorstellung, dass da ein »Ich« sei, das denke, das Vorstellungen, Ideen, Empfindungen habe und diese dann mittels Sprache in Worte kleide. Die Sprache wird so instrumentalisiert, sie wird zum »Gehirninstrument« entwertet. Das eben ist für Rosenstock »ungeheuerlich«. Es ist nach seiner Meinung Heidentum bzw. Häresie. Denn »im Anfang war das Wort«. Man kann die Rosenstock'sche Sprachlehre geradezu als eine Auslegung dieses johanneischen Satzes verstehen. Das Wort ist nicht nur der Ursprung der Schöpfung, sondern auch, ja besonders, der Geschichte der Menschheit. »Der Ursprung der Sprache ist im Himmel; ihr Weg aber führt nach unten unter die Menschen, die sie aufnehmen müssen in ihre Herzen und Glieder. Wo aber das Wort nicht mit dem Herzen aufgenommen wird – und diese

---

150 Ders. (1963/64), Bd. I, S. 344.
151 Ebd., S. 357.

Verstockung tritt meist sehr bald ein –, da wird die Sprache als bloßes Gehirninstrument missverstanden.«[152] Wirkliche Sprache aber ist immer Antwort auf das »mit dem Herzen aufgenommene Wort«. Wer spricht, tritt in den großen Sprachstrom ein, der in der Menschheitsgeschichte fließt, von Adam bis zum »Jüngsten Tag«.

Wer spricht, ist deshalb nicht ein ruhender Pol, um den die Dinge und Ereignisse der Welt kreisen würden, die er gemächlich betrachten und beschreiben könnte, sondern er wird selbst in eine Bewegung hineingezogen. »Wer spricht, wird abgewandelt«, denn nun kann er beim Wort genommen werden. Besonders deutlich zeigt sich diese Abwandlung des Sprechers beim Gelübde oder Gelöbnis, z. B. beim Eheversprechen. Wenn zwei Ehepartner sich öffentlich zueinander bekennen, heißt das: Sie lassen sich darauf behaften, dass sie ein Ehepaar sind, und sie werden von nun an darauf behaftet, von der Rechtsordnung und von der Gesellschaft. Die heute so sehr anwachsende Zahl von sogenannten »Ehen ohne Trauschein« ist nicht ein Zeichen von Unmoral, sondern von wachsender Sprachlosigkeit, von Angst vor Sprache. Wer spricht, wirklich spricht, legt sich fest. Zwei Menschen, die sich öffentlich einander angelobt haben, können nun beim Wort genommen werden. Das ist beängstigend.

Es ist aber Grund und Ursprung aller menschlichen Gemeinschaft. Das zeigt sich gleich bei der einfachsten und ursprünglichsten menschlichen Gemeinschaft: der Familie. Denn auf dem Grund des Ehegelöbnisses beruht die Selbstverpflichtung des Ehepaares als Vater und Mutter gegenüber den eigenen Kindern, und diese sind wiederum dadurch aufgerufen, diese Frau und diesen Mann nicht als Feinde zu bekämpfen oder als Geschlechtswesen zu begehren, was ja keineswegs selbstverständlich ist. Das Verbot der Inzucht hat keine natürlichen Ursachen, sondern gründet auf dieser gegenseitigen Vorstellung, auf der jeder Familienfriede beruht. Dass das Ehegelöbnis heute etwas aus der Mode gekommen ist, zeigt nur die Krise an, in die diese ursprünglichste Gemeinschaft geraten ist.

Aber nicht nur die Familie, sondern jede heilsame menschliche Gemeinschaft beruht auf solchen Gelöbnissen. Beim Militär ist das der »Fahneneid«, in der Politik die feierliche Verpflichtung der Amtsträger, in der Wirtschaft der Arbeitsvertrag usw. Das Gelübde erweist sich so als notwendiger Gründungsakt jeder menschlichen Gemeinschaft, und das eben ist der Ursprung

152 Ebd., S. 681.

der »Sprache des Menschengeschlechts«. Dieser Gründungsakt kann in sehr primitiven Formen und Worten vor sich gehen. Entscheidend ist, dass dabei Menschen sich selber binden und andere dazu auffordern, diese Selbstverpflichtung anzuerkennen. – Natürlich gibt es zahllose Vor- und Nebenformern dieser »Hochsprache«, z. B. die nachgeahmten Sprachlaute der Kinder oder die reine Verständigungssprache – »wo geht's zum Bahnhof?« – oder die wissenschaftliche Fachsprache usw. Alle diese Sprachformen haben auch ihren Sinn und ihre Notwendigkeit im menschlichen Miteinander. Sie unterscheiden sich aber von der ursprünglichen Hochsprache dadurch, dass der Sprecher sich dadurch nicht unbedingt festlegen muss. Er kann Vermutungen, Zweifel, Hoffnungen aussprechen, und das ist auch manchmal notwendig und sinnvoll, aber nur auf dem Hintergrund der verpflichtenden Gelöbnisse, auf denen die Gemeinschaft beruht, in der er lebt.

Die volle Sprache, in der ein Mensch sich selber »outet« und festlegt, unterscheidet sich von diesen Vor- und Nebensprachen auch dadurch, dass sie den ganzen Menschen anspricht, nicht nur seinen Kopf, sein Denkvermögen, sondern auch seinen Leib und seine Seele. Darum hat sie auch ganz körperliche Auswirkungen. Volle Sprache lässt das Herz höherschlagen, macht die Kehle frei zum Durchatmen und öffnet die Augen zum zuversichtlichen Blick nach vorne. Das heißt aber auf der anderen Seite: Damit jemand sprechen kann, müssen sein eigenes Herz erwärmt, seine eigene Kehle geweitet und seine eigenen Augen geöffnet sein für das, was aus Natur und Geschichte auf ihn zukommt. Und dies wirkliche Sprechen wird sehr oft verhindert, sodass die Sprache »versiegt«: Wodurch? »Sitzt das Übel im Herzen, dann liebt mich niemand. Schnürt es mir die Kehle zu und kann ich nicht atmen, dann glaube ich nichts. Verdunkeln sich mir die Augen, dann bin ich hoffnungslos.«[153] Das heißt: Zum Versiegen der Sprache kommt es durch Liebesferne, Unglauben und Hoffnungslosigkeit. Und umgekehrt: Ohne Glaube, Hoffnung und Liebe kann kein Mensch sprechen. Das klingt merkwürdig. Sind nicht Glaube, Hoffnung, Liebe die besonderen Charismen, die den Christen verheißen sind? Können die Heiden nicht sprechen? Aber für ERH heben diese christlichen Generaltugenden nur ans Licht, was allen Menschen seit Adam und Eva durch die Sprache zuteilwurde. »Kein Mensch hat je gelebt, der nicht im Herzen angesprochen, in der Kehle begeistert und

---

[153] Ders. (1951), S. 29.

im Hinblick ermutigt werden musste.«[154] Und eben das geschieht durch die Sprache. Sie ist »Offenbarung vor der Offenbarung«[155].

Von daher muss anstelle des cartesianischen »cogito ergo sum«, ich denke, darum bin ich, in der Seelenkunde der Satz treten: Ich bin angesprochen, darum bin ich, man gibt mir einen Namen, darum bin ich. Das ganze wissenschaftliche Zeitalter des Abendlandes – Rosenstock datiert es von 1450 bis 1945 – ist auf jenen Satz des Descartes gegründet. Akademische Wissenschaft ist der Versuch, die Welt vom denkenden Subjekt her zu erkennen und sich dienstbar zu machen. Diese Periode der abendländischen Geistesgeschichte hat zu großartigen Erfolgen im Blick auf die Weltbeherrschung geführt, zugleich aber auch, was heute immer deutlicher wird, zu verheerenden Folgen im Blick auf die Erhaltung der natürlichen Grundlagen alles Lebens und auf die Begründung heilsamer menschlicher Ordnung und Gemeinschaft. – Weil dies aber die entscheidenden Fragen sind, die wir heute lösen müssen, wenn wir nicht zugrunde gehen wollen, und weil das wissenschaftliche Denkmodell uns auf sie keine Antwort gibt, müssen wir zu einer neuen Denkweise finden.

Dabei ist es hilfreich, sich daran zu erinnern, dass auch die akademische Wissenschaft einmal ein herrschendes Denkmodell abgelöst hat, das sich nicht mehr als zureichend erwiesen hatte. Es war dies die scholastische Denkmethode gewesen. Sie gründete sich auf den Satz »credo ut intelligam« und war der Versuch, die überlieferte Glaubenslehre der menschlichen Vernunft durch dialektisches Denken einsichtig zu machen. Auch diese Methode hatte große Erfolge im Blick auf die Aneignung und Vertiefung des christlichen Glaubens im Abendland. Sie erwies sich aber als unzureichend, ja schädlich, als sie nicht nur auf Gott und seine Offenbarung, sondern auch auf die Welt und ihre Erforschung angewendet wurde. – Genauso erweist sich heute die wissenschaftliche Denkmethode als unzureichend, wenn sie auf die Begründung und Erhaltung »einer wahrhaft menschlichen Gesellschaft«, auf die »lebendige Verwirklichung der Wahrheit im Menschengeschlecht«[156] angewendet werden soll. Deshalb sind wir genötigt, einen neuen Denkweg zu suchen. Als Grundsatz dieses neuen Denkens schlägt ERH vor: »respondeo etsi mutabor« – ich antworte, auch wenn ich dadurch verwandelt werde bzw. auf die Gefahr hin, mich wandeln zu müssen. Nur so als dieser Angerufene

[154] Ebd., S. 37.
[155] Ebd., S. 37.
[156] Ders. (1958a), S. 97.

und zur eigenen Antwort Aufgerufene kann der Mensch überleben und den rechten Platz in seiner Zeit und Gesellschaft finden.

Das also ist Sinn und Ursprung der Sprache, die Quelle jenes Sprachstroms, der von Adam bis zum Jüngsten Tag fließt. Das heißt aber: Das ist der Ursprung und Sinn der menschlichen Geschichte und Kultur überhaupt. Denn die menschliche Kulturgeschichte ist ja eine Wirkung der Sprache. Sie ist in ERHs Sicht insgesamt »Inkarnation«, »Wortverkörperung«. Das haben am besten die großen Dichter erkannt. Die poetische Sprache kommt der Ursprache am nächsten. »Und wenn der Mensch in seiner Qual verstummt, gab mir ein Gott zu sagen, was ich leide«, sagt Torquato Tasso in Goethes Drama. Und damit ist nicht nur das Geheimnis aller Dichtung ausgesprochen, sondern das Geheimnis von Sprache überhaupt. Menschliches Sprechen erwächst aus der »Qual«, aus der Qual seines Alleinseins, aus der er durch echte menschliche Gemeinschaft erlöst werden soll. In klassischer Weise ist das im biblischen Schöpfungsbericht von Gott selbst ausgesprochen: »Es ist nicht gut, dass der Mensch allein sei. Ich will ihm eine Gehilfin geben, die zu ihm passt«, heißt es da. Dem geht aber voraus, darauf weist hin, die Befähigung des Menschen »zu sagen, was er leidet«. Man muss das nur etwas erweitern und sagen: Sprache erwächst aus dem Drang des Menschen zu sagen, was er »erleidet«, was ihm widerfährt. Diese Widerfahrnisse sind nicht nur negativ, sondern auch positiv, es sind nicht nur Leiden, sondern auch Freuden. Sie werden in der »Pathosophie« Viktor von Weizsäckers, wie wir sahen, als die Kategorien des Pathischen bezeichnet: »Dürfen, Müssen, Wollen, Sollen, Können«. Und in ganz hervorgehobener Weise ist die Liebe ein Widerfahrnis, das zur Sprachwerdung drängt.

Hinter diesen »Widerfahrnissen« stehen aber Mächte, die auf die Menschen einwirken. Und solche Mächte wurden in allen Kulturen mit Götternamen bezeichnet, am deutlichsten und wunderbarsten in der griechischen Götterwelt. Die Namen Zeus, Athene, Apollos, Ares, Hephaistos, Aphrodite usw. sind für uns passé, nicht aber die Mächte, die damit bezeichnet werden: die technische und geistige Schaffenskraft, die Kampfeslust, die Liebe usw. Das alles sind Mächte, die uns ergreifen können, ob wir das wollen oder nicht. Wir müssen sie anerkennen und benennen, wenn wir ihnen nicht ganz verfallen wollen. »Du, protestantischer Pfarrer, magst nicht Aphrodite andichten«, schreibt ERH, »aber dann wirst du deine Werbung um deine Liebste durch eine von geschmackloser Theologie triefende Redeweise beschmutzen.«[157] Eine geschmacklose Theologie ist eine theologische Denk- und Redeweise, die meint, sie könne und müsse die urtümlichen Gewalten, denen das Menschenleben ausgesetzt ist, überspielen bzw. geistlich überhöhen. Im schlimmeren Fall wird der »Eros« dann als sündliche Lust diffamiert und zur »Agape« vergeistlicht, im weniger schlimmen werden diese Mächte einfach verdrängt. So aber können sie nicht erlöst, d. h. verwandelt werden; das Wort kann nicht Fleisch werden. »Leider hat die christliche Religion für das ganz Elementare keine ursprüngliche Form«, so hat das, wie wir sahen, Paul Schütz ausgedrückt, »wo sich meine Daseinsfreude unmittelbar äußert, nimmt sie von selber heidnische Formen an.«[158] Das entspricht genau dem, was ERH in seiner Betrachtung über »Die Götter und Gott«[159] ausspricht. Die Götter sind nicht heidnische Hirngespinste, sondern Realitäten. Wenn wir sie leugnen, verfallen wir ihnen umso sicherer. Der Gott, der uns in der Bibel anspricht, wird bekanntlich »König über alle Götter« genannt (Ps. 95). Das heißt aber, dass es diese Götter gibt, dass uns da aber ein Gott anspricht, der mächtiger ist als sie, der uns darum auch dazu befähigen kann, ihnen nicht zu verfallen. Denn während jene Götter uns *zwingen*, *spricht* dieser Gott uns an. »Der Glaube an die Götter, die uns zwingen, und die Liebe Gottes, die leise zu uns spricht, rufen unsere Sprache als Ausweg hervor. Denn indem wir die Götter, die uns zwingen, Gott sei Dank benennen, beginnen wir sie unter die Allmacht des eifervollen Gottes, des Gottes mit seiner feurigen Sprachmacht zu beugen.«[160]

Auch das also ist der Ursprung von Sprache. So geht die Sprachmacht Gottes in die Menschenwelt ein. Auch die Heiden, die von jenem göttlichen Anruf der Bibel noch nichts wissen, stehen unbewusst schon unter seiner gnädigen Herrschaft, die sie dazu befähigt, ihre Götter zu benennen und anzurufen und ihnen so nicht willenlos zu verfallen. Darum stehen am Anfang aller Sprache das »Gebet« und das »Gebot«. – Im *Gebet* ruft der Mensch seine Götter an, um seiner eigenen Existenz über den anderen Kreaturen und unter den Göttern gewahr zu werden; im Gebet antwortet er schließlich auf den Anruf des Herrn über die Götter und erfährt sich so als Gesprächspartner Gottes, als sein »Ebenbild«. – Im *Gebot* unterstellt

---

[157] Ders. (1963/64), Bd. I, S. 45.
[158] Schütz (1921b).
[159] Rosenstock-Huessy (1963/64), Bd. I, S. 44 ff.
[160] Ebd, S. 64.

sich der Mensch dem Willen der Götter und erfährt sich als Teil einer von diesem Gotteswillen geprägten menschlichen Gemeinschaft. Im Gebot darf der Mensch schließlich den Willen des einen Gottes vernehmen, der über alle Götter herrscht und von Israel beginnend seinen Bund über dem ganzen Menschengeschlecht aufrichtet. Das ist Ursprung und Entwicklung aller menschlichen Gesittung, darum ist diese insgesamt eine Verleiblichung des Wortes. – Was bedeutet dann aber die »Inkarnation«, von der in der überlieferten Kirchenlehre allein die Rede ist, die Fleischwerdung Gottes in Christus? Wie unterscheidet sie sich von jener Verleiblichung in den verschiedenen menschlichen Kulturen? Ist sie überhaupt noch notwendig?

4. Der Herr der Äonen

Die grundsätzliche Antwort, die ERH auf diese Frage gibt, ist sehr einfach: In der Kulturgeschichte der Menschheit geht es um die Verleiblichung menschlicher *Antworten* auf den göttlichen Anruf, während in Christus Gottes Wort selbst Fleisch wird. – Alle die vielfältigen menschlichen Religionen und Kulturen sind Antworten auf den göttlichen Anruf, der überhaupt das Menschenwesen hervorgebracht hat. Es sind erste unvollkommene Antworten, aber sie sind von bleibender Bedeutung in der Menschheitsgeschichte, d. h. auch in der Gegenwart noch wirksam. – In Christus aber erscheint das Wort Gottes selber in der Geschichte. Er ist der »Sohn Gottes«, weil er Gott in der Welt »hörbar« gemacht hat. – Das ist das Besondere am christlichen »incarnatus est«. Dieses ist also ein einzigartiges Geschehen, auf das alle ihm vorausgehenden oder auch nachfolgenden religiösen Gestaltungen nur hinweisen können. – Mit welchem Recht kann für dieses besondere Geschehen am Anfang unserer Zeitrechnung solch ein »Absolutheitsanspruch« erhoben werden? Das wird ja gerade in unserer Zeit, in der Begegnung mit den vielfältigen Religionen und Glaubenseinstellungen der Menschheit, stark infrage gestellt. Kann man denn eine solche Einzigartigkeit von einem für die eigene Religion vielleicht grundlegenden Geschehen behaupten? Führt das nicht zu unnötigen und gefährlichen Konfrontationen? – Für ERH ist das keine Frage. »Wenn Jesus nicht die Wasserscheide der Geschichte ist, dann wollen wir uns lieber nicht länger mit diesem unehelichen Kind aus Nazareth beschäftigen«, schreibt er in seiner drastischen Sprache.[161] Dass Jesus die »Wasserscheide der Geschichte« ist, das bezeugt der christliche

---

[161] Ders. (1958), S. 257.

Glaube durch seine Zeitrechnung, in der die Geburt Jesu als die entscheidende Zäsur der Weltgeschichte erscheint. Aber lässt sich das anders begründen als eben im Glauben und durch den Glauben, dem dann andere Glaubensweisen gleichberechtigt gegenübertreten können? – Letztlich ist das allerdings eine Glaubensaussage; aber dieser Glaube ist nicht nur »von oben«, durch die biblische Offenbarung, zu begründen, sondern auch »von unten«, durch die Betrachtung der Auswirkungen des Christusgeschehens in der Weltgeschichte. Wenn man das Letztere ganz infrage stellt und meint, sich *allein* an das Wort halten zu müssen, wie das eine radikale dialektische Theologie fordert, so wird das eine gedachte Wahrheit, die an eine leibhaftige Verwirklichung dieses Geschehens nicht mehr glaubt.

Weil es ERH eben um diese leibhaftige Verwirklichung ging, umkreiste er in immer neuen, oft fremdartigen Meditationen das Geheimnis der Person Jesu in der Weltgeschichte und brachte es so neu zum Leuchten. – In einem mit »Leben, Lehren, Wirken« überschriebenen Aufsatz wird Jesus z. B. als der Erfüller der menschlichen Bestimmung vorgestellt. Diese Bestimmung besteht eben in dem Dreischritt »Leben, Lehren und Wirken«. Kindheit und Jugend sind bestimmt von ursprünglichem Leben, das die Welt erobern und den Himmel erstürmen will. Dem Herangewachsenen stellt sich dagegen die Aufgabe, in Distanz zum gelebten Leben eine geistige Sicht zu gewinnen, die er lernend aufnimmt und lehrend weitergibt. Dem Mann schließlich stellt sich die Aufgabe, aus diesem Leben und seiner Bewältigung heraus in die Welt hineinzuwirken, was immer Opfer und Entsagung fordert. Die Versuchung und Gefahr für den Menschen ist es nun, in einem dieser Stadien steckenzubleiben, z. B. im jugendlichen Schwärmertum oder in einem festgefügten Lehrgebäude, in dem man sich dem entsagungsvollen Wirken in der Welt entzieht. Jesus nun hat diese drei Lebensphasen in vollkommenem Gehorsam durchlaufen. Er ist »wider die empfindsamen Schwärmer in die Welt gekommen. Denn ihm reift aller Gefühlsüberschwang zur Klarheit der Gottesschau. Er ist wider die Pharisäer in die Welt gekommen, denn er gibt seine klare Lehre wirkend preis. Er ist aber auch für die Sünder in die Welt gekommen. Denn er ersetzt allen gefühl- und gedankenlosen Weltbetrieb durch ein Wirken aus dem, was ihm zu Schauen vergönnt war.«[162]

---

[162] Ders. (1963/64), Bd. I, S. 135.

An anderer Stelle seines Sprachwerkes bezeichnet ERH Jesus als den »endgültigen Menschen«[163] Das heißt: In ihm »erscheint der Mensch auf der Bildfläche, den Gott gewollt hat«. In der vorchristlichen Menschheit kann dieser Mensch noch nicht in Erscheinung treten; er ist noch nicht Gottes Ebenbild, sondern soll es werden. Nun aber tritt es in Erscheinung im Leben Jesu, endgültig erst an Ostern. »Jesu Auferstehung heißt: auf der Bildfläche unseres Lebens ist der endgültige Homo Imago sichtbar geworden.«[164] – Damit erscheint auch ein neuer Weg zu Gott. Die vorchristliche Menschheit ist von dem »Deus ex Machina« bestimmt. Gott kommt ihr nahe auf vorgebahnten Wegen. »Der Medizinmann, der Prophet, der Sterndeuter, der Poet: sie sind die vorgeschriebenen, vorherbestimmten, vorhergesagten Wege der göttlichen Begeisterung.«[165] Mit der Kreuzigung Jesu werden alle diese Wege beendet, und in der Auferstehung wird der Weg Gottes zu den Menschen sichtbar. Es zeigt sich: »Auf Gott kann man nicht rechnen, aber er kommt!« Gott ist der schlechthin Überraschende, Unvorhersehbare. Ihren Höhepunkt finden diese Geschichtsbetrachtungen in dem mit »Der Herr der Äonen« überschriebenen Kapitel des zweiten Bandes der »Soziologie« von ERH.[166] Während es im ersten Band dieses Werkes darum geht, wie die Kräfte, die das Zusammenleben der Menschen bestimmen, im Raum erfahren werden, geht Rosenstock im zweiten Band mit dem Titel »Die Vollzahl der Zeiten« der Frage nach, wie, in welchen konkreten Formen, sich diese Kräfte geschichtlich verwirklicht haben. Das Ganze ist also eine umfassende Kulturgeschichte der Menschheit. Aber nicht nur als Vergangenheit, als historische Gestalt der menschlichen Kultur, wird hier diese Geschichte betrachtet. Rosenstock fragt vielmehr immer nach dem, was darin bleibend und zukunftsträchtig ist. Es geht ihm um die Grundphänomene menschlicher Gesittung, die auch heute noch wirksam sind. »Keine einzige Antwort, von der irgendein Menschenherz voll geworden und ein Mund übergeflossen ist«, schreibt er, »darf vergessen oder vergeudet werden. Alle Antworten zusammen erst messen den Ozean seines Glaubens aus.«[167] Das macht die Lektüre dieser »Soziologie« so lebendig und spannend.

---

163 Ebd., S. 143 ff.
164 Ebd., S. 144.
165 Ebd., S. 147.
166 Vgl. ders. (1958b), S. 255 ff.
167 Ebd., S. 504.

Mit »Äonen« bezeichnet ERH darin nicht »Ewigkeit«, wie das Wort in der Bibel meist missverständlich übersetzt wird, sondern begrenzte geschichtliche Zeiträume, die jeweils durch eine bestimmte Weltsicht und Gottesbeziehung geprägt sind. Modern gesprochen, geht es um »Epochen« mit einem bestimmten »Paradigma«. Allerdings darf man dann mit Epochen nicht einen vergangenen Zeitabschnitt bezeichnen. Die »Äonen« sind vielmehr geschichtliche Realisationen des Menschseins, die durch die Zeiten hindurch bis in die Gegenwart hineinwirken. Es sind »zeitweilige« menschliche Antworten auf den göttlichen Anruf. Zu ihrer Zeit und an ihrem Ort haben sie auch ihr Recht und ihre Notwendigkeit. Aber wehe, wenn sie sich selbst verewigen wollen, wenn aus ihnen eine ewige Ordnung, ein ewiges Recht, ein ewiges Dogma postuliert wird, wie das in allen Religionen immer wieder geschieht, einschließlich der christlichen Religion! Dann versteinern sie und werden zum Gefängnis der Seelen. »Als die Zeit erfüllt war, hat Gott darum unseren aus seiner Nennkraft geborgten Antworten sein Wort selber folgen lassen.«[168] Jesus hat der »antwortversteinerten Menschheit« den Prozess eingeimpft, der aus dem Tod ins Leben führt. Es wird deutlich, dass alle religiösen Antworten der Menschen keine ewige Dauer beanspruchen können. Sie müssen untergehen, damit das wahre Leben erscheinen kann. »Gott hat den Tod zur Bedingung des Lebens erschaffen. Jede Antwort duldet er nur als sterblich. Als zeitweilig.«[169]

Rosenstock unterscheidet in der Kulturgeschichte der Menschheit vier solcher Äonen, die alle ihren Ursprung in dem menschlichen Verlangen haben, zusammenzugehören und zu dauern. Der einzelne Mensch würde in der Welt dem »panischen Schrecken« verfallen. Darum ist er gezwungen, Gemeinschaften zu bilden, die ihm Zugehörigkeit und Dauer vermitteln. Da ist zum Ersten die primitive Stammeskultur mit dem Ahnenkult und dem Urahn bzw. Stammvater, von dem alles hergeleitet, auf den daher alle Kultur und die Regeln des Zusammenlebens ausgerichtet sind. Durch die Tätowierung werden dabei die einzelnen Stammesangehörigen als diesem Urahn zugehörig markiert. Die Repräsentanten dieses Äons sind die Zauberpriester oder Schamanen, welche die Verbindung mit den Urahnen herstellen und ihre Stimme in den religiösen Stammesfeiern hörbar machen. Und die Zeit, der Kalender der Stämme, ist eingeteilt durch die Totenfeiern,

[168] Ebd., S. 54.
[169] Ebd., S. 56.

in denen die Heroen der Vergangenheit vergegenwärtigt werden. Der Tod wird hier dadurch überwunden, dass die Toten zu den Lebenden sprechen. Dann entstand als Zweites die Kultur der Weltreiche, vor allem in Ägypten und Mesopotamien. Diese Reiche richten sich nach den Gestirnen aus. Sie sind den ewig gleich bleibenden Umlaufbahnen von Sonne, Mond und Sternen nachgebildet. Die Pharaonen und Kaiser sind »Doppelsterne, die mit der Präzision sowohl der Sonne wie des Mondes ›prozedieren‹«[170]. Der Wille der Götter und der Ausblick in die Zukunft werden bei den Astrologen erfragt. Die Repräsentanten sind hier die Kaiser und Könige, in denen bzw. durch die hindurch die Gestirngottheiten ihre Macht ausüben. Und der Kalender ist bestimmt durch die Sonnen- und Mondläufe am Himmel.

Ein dritter Äon ist der israelitische, der im Alten Testament zur Sprache kommt. Israel gründet sich nicht auf den Urahn, d. h. auf die Vergangenheit, und es richtet sich nicht nach dem herrschenden Cäsar aus, d. h., es gründet sich nicht auf die Gegenwart. Israel harrt auf den Messias, auf den kommenden Gott, d. h. auf die Zukunft. Die Repräsentanten dieses Äons sind die Propheten, und die Zeit, die hier entspringt, ist bestimmt durch den Sabbat und die großen Jahresfeste: Passah, Wochenfest, Laubhüttenfest, Purim. Darin werden die zukünftigen Rettungstaten Gottes verheißen, indem man sich der vergangenen erinnert.

Ein vierter Äon schließlich erscheint in der griechischen Kultur. Sie gründet sich weder auf die Vergangenheit noch auf die Gegenwart oder Zukunft, sondern auf das ewige Reich der Ideen, die Schauungen des menschlichen Geistes. Sie richtet sich aus nach dem Wahren, Guten und Schönen, das ihr von den Künstlern, Dichtern und Philosophen vor Augen gezaubert wird. Sie tritt also aus den Stürmen des wirklichen Lebens heraus in den windstillen Raum der Muße, in dem man sich solchen Idealen zuwenden und sich mit ihnen verbinden, sie besingen oder philosophisch begründen kann. Ihre Repräsentanten sind darum die Dichter und Denker, und die Zeit in diesem Äon wird strukturiert durch die Olympiaden und Sängerfeste. Im Blick auf diese Kultur wird vielleicht am deutlichsten, dass diese Äonen auch in der Gegenwart wirksam sind. Denn die griechische Geisteshaltung ist bis heute bestimmend in der ganzen gebildeten Welt des Abendlandes. Hier sind die Dichter und Denker bestimmend, und die besonderen Höhepunkte im Kalender sind die Festspiele in Salzburg, Bayreuth usw.

---

[170] Ebd., S. 174.

sowie die Sommer- und Winterolympiaden. – Aber auch die Regeln der Stammeskultur kann man wiederfinden: in den Familienverbänden nämlich mit ihren Hochzeiten, Beerdigungen und Geburtstagsjubiläen. Der Unterschied ist nur, dass die Familienzugehörigkeit nicht mehr in die Haut eingebrannt wird wie bei den primitiven Stämmen. Und das ist allerdings ein großer Unterschied. Er bedeutet nämlich: Wir sind keinem dieser alten »Paradigmen« mehr unterworfen. Wir können uns zwischen ihnen frei hin und her bewegen. –

Dass das aber so ist, verdanken wir, so ERH, allein dem »Herrn der Äonen«, d. h. Christus. »Als die Zeit erfüllt war«, als diese vier Gestaltungen des Menschendaseins zu Ende gelebt, zu Gefängnissen erstarrt waren, da erschien der, der in keinem dieser Äonen unterzubringen ist. Christus war weder Priester noch König noch Prophet noch Poet – bzw. er war das alles auch, aber nicht *nur*. Entscheidend war er »Gottes Sohn«, d. h. der Mensch, dessen Aufgabe darin bestand, Gott in der Welt »hörbar« zu machen. So legte er den Grundstein zu einer neuen menschlichen Gesellschaft, die auf der Gotteskindschaft aller Menschen begründet ist, gleichgültig welcher Rasse, Nation, Religion oder Kultur sie angehören. Darum eben ist er der »Herr der Äonen«, darum kann er uns von allen Zwängen, die diese Äonen ausüben, befreien. »Ein unerhörtes Maß an Freiheit ist mit Christi Geburt in die Welt gekommen. Die Seele ist frei von jedem einzelnen dieser vier Kalender: sie atmet ihr eigenartiges Leben, weil sie zwischen den vier Kalendern der Familiengeister, der Naturfeste, der Volksfeiern und der Geistesgeschichte wie ein gutes Segelboot hin- und herkreuzt. Jeder, der von Weihnachten, Ostern und Pfingsten je etwas weiß, bekommt diese Freiheit geschenkt oder mitgeteilt.«[171]

Diese knappen Bemerkungen zur Bedeutung Jesu in der Kulturgeschichte der Menschheit müssen hier genügen. Wer mehr darüber erfahren will, der kann nur auf den zweiten Band der Soziologie Rosenstocks hingewiesen werden, in dem das in aller Breite entfaltet wird. Diese Bemerkungen mussten aber zum Abschluss der Darstellung von Rosenstocks Wahrheitssuche gemacht werden, weil durch sie deutlich wird, wie einzigartig die Fleischwerdung Gottes in Christus für ihn war, und zugleich, dass diese Einzigartigkeit nicht nur »von oben« durch das Zeugnis der Schrift zu begründen ist, sondern auch »von unten« durch die nüchterne Wahrnehmung der geschichtlichen

---

[171] Ders. (1958b), S. 264.

Wirklichkeit. So kann er schreiben: »Christus als Mitte der Geschichte wird heute eine wissenschaftliche Forderung des Verstandes.«[172]

Auf dem Grabstein von Eugen Rosenstock-Hussey steht das Bibelwort Joh. 1,14, das als Leitwort seines Lebenswerkes, ja als Leitwort aller hier vorgestellten Denker, gelten kann und darum auch am Schluss dieser Darstellung stehen soll:

> »Und das Wort ward Fleisch und wohnte unter uns,
> und wir sahen seine Herrlichkeit, eine Herrlichkeit
> als des eingeborenen Sohnes vom Vater,
> voller Gnade und Wahrheit.«

Literaturverzeichnis

– ROSENSTOCK-HUESSY, EUGEN (1920): *Die Hochzeit des Kriegs und der Revolution.* Würzburg: Patmos, 1920.
– DERS./WITTIG, JOSEPH (1927/1928): *Das Alter der Kirche: Kapitel und Akten.* Band 1: 1927, Band 2: 1928, Band 3: 1927, alle verlegt in Berlin: Schneider, 1927/1928.
– DERS. (1931): *Die europäischen Revolutionen: Volkscharaktere und Staatenbildung.* Jena: Diederichs, 1931.
– DERS. (1938): *Out of Revolution: Autobiography of Western Man.* New York: Morrow, 1938.
– DERS. (1946): *The Christian Future or The Modern Mind Outrun.* New York: Scribner, 1946. In deutscher Übersetzung: Des Christen Zukunft oder Wir überholen die Moderne. Ins Dt. übertr. von Christoph von der Bussche und Konrad Thomas. Neue Bearb. der amerikanischen Ausgabe. München: Kaiser, 1955.
– DERS. (1956): *Soziologie, Band I: Die Übermacht der Räume.* Stuttgart: Kohlhammer, 1956.
– DERS. (1958b): *Soziologie, Band II: Die Vollzahl der Zeiten.* Stuttgart: Kohlhammer, 1958.
– DERS. (1963/64): *Die Sprache des Menschengeschlechts: eine leibhaftige Grammatik in vier Teilen.* Heidelberg: L. Schneider, 1963/64.
– DERS. (1965): *Dienst auf dem Planeten: Kurzweil und Langeweile im 3. Jahrtausend; mit Dokumenten.* Stuttgart [u. a.]: Kohlhammer, 1965.

Daneben finden Erwähnung:
– DERS. (1916): Brief vom 4.10.1916. In: Rosenzweig, Edith (1935): Franz Rosenzweig: Briefe. Berlin: Schocken, S. 245 f.
– DERS.: Brief vom 18.11.1919.
– DERS.: Brief vom 23.12.1919.
– DERS.: Brief vom 29.12.1919.

---

[172] Ebd., S. 282.

– DERS.: Brief vom 18.02.1920.

– DERS.: Brief vom 5.3.1920.

– DERS.: Brief vom 18.03.1920.

– DERS.: Brief vom 12.06.1920.

– DERS. (1951): *Der Atem des Geistes.* Frankfurt am Main: Verlag der Frankfurter Hefte, 1951 (neu aufgelegt: Moers: Brendow, 1991).

– DERS. (1958a): *Das Geheimnis der Universität: wider den Verfall von Zeitsinn und Sprachkraft; Aufsätze und Reden aus den Jahren 1950 bis 1957.* Herausgegeben von Müller, Georg, Stuttgart: Kohlhammer, 1958.

– DERS. (1968): *Ja und Nein. Autobiographische Fragmente.* Heidelberg: Lambert-Schneider, 1968.

An Sekundärliteratur werden genannt:

– EUGEN-ROSENSTOCK-HUESSY-GESELLSCHAFT (Hrsg.) (1984): *Mitteilungsblätter.* Koerle: Argo Books, 1984.

– VOS, KO (1997): *Eugen Rosenstock-Huessy: eine kleine Biographie* [Aus dem Niederländ. übers. von Anneliese Möckel]. Aachen: Shaker, 1997.

V. Walter J. Hollenweger

Lebensdaten
1927   Geboren in Amsterdam als Sohn eines Schweizer Kellners
        Aufgewachsen in Zürich
        Christliche Sozialisation in Züricher Pfingstgemeinde.
        Nach Volksschulabschluss: Banklehre
1950–61 Nach Vorbereitung und Abschluss des »Matur«-Examens
        Studium der Theologie in Zürich und Basel
1961–65 Assistent bei Prof. Blanke (Zürich)
1965   Promotion. Thema: »Charismatisch-pfingstliches
Christentum«
1965–71 »Exekutivsekretär« für Fragen der Verkündigung beim ÖRK
        in Genf
1971–89 Prof. für »Interkulturelle Theologie und Missionswissenschaft«
        in Birmingham.
2016   Am 10. August verstorben in Krattigen bei Spiez (Thuner See)

Hauptwerke
– *Handbuch der Pfingstbewegung.* 1965/67
– *Enthusiastisches Christentum: die Pfingstbewegung in Geschichte und
  Gegenwart.* 1969
– *Evangelisation gestern und heute.* Stuttgart: Steinkopf, 1973.
– *Erfahrungen der Leibhaftigkeit.* 1979.
– *Umgang mit Mythen.* 1982.
– *Geist und Materie.* 1988.
– *Der Klapperstorch und die Theologie: die Krise von Theologie und Kirche
  als Chance.* 2000.

1. Historisch-kritische Exegese als Befreiung
Walter Hollenweger ist in Zürich aufgewachsen und erfuhr dort seine religiöse
Sozialisation in einer sog. »Pfingstgemeinde«. Diese Gestalt der christlichen
Gemeinde ist Anfang des 20. Jahrhunderts in den USA entstanden auf
Grund einer Neuerfahrung der »Ausgießung des Heiligen Geistes« und ihrer
Anzeichen, besonders der »Zungenrede«, die zuerst in Los Angeles geschah,
von dort sich aber schnell in den USA und in der ganzen Welt ausbreitete,
besonders in Südamerika und Afrika, aber auch in Europa. Was ist das

Besondere dieser »Pfingstbewegung?« Es ist der Glauben, dass die Ausgießung des Heiligen Geistes nicht nur damals in Jerusalem geschah, sondern in derselben Weise auch heute geschieht und erfahren werden kann. Der Inhalt der überlieferten kirchlichen Bekenntnisse wird dabei nicht infrage gestellt oder gar negiert. Es wird nur gefragt, wie das damals Erfahrene und Bekannte heute neu, eben leibhaftig, erfahren werden kann. Die aus solcher Erfahrung erwachsenen »Pfingstkirchen« haben sich, wie gesagt, in der ganzen Welt verbreitet und sind heute die am schnellsten wachsende christliche Weltbewegung.

Hollenweger hat dort die Sonntagsschule besucht und sich schon früh als Laienprediger engagiert. Beruflich absolvierte er nach der Volksschule eine Banklehre, hat aber nach deren erfolgreichem Abschluss diese Laufbahn nicht fortgesetzt, obwohl sein Vorgesetzter ihm eine steile Karriere prophezeite. »Der liebe Gott hat mich am Schopf gepackt«, schreibt er dazu.

Er wurde nun offizieller Prediger der Schweizerischen Pfingstmission. Dazu bedurfte es ja keiner besonderen theologischen Ausbildung, sondern nur der Bibelkenntnis sowie der inneren Berufung und Begabung zur Weitergabe der ganz »fundamentalistisch« verstandenen biblischen Botschaft. Das zu akzeptieren, bedeutete für Hollenweger zunächst keine Schwierigkeit; aber allmählich stieß er bei seinem intensiven Bibelstudium auf Ungereimtheiten. Bei der Vorbereitung einer Weihnachtspredigt z. B. entdeckte er in seiner »Zürcher Bibel«, in der matthäischen Geburtsgeschichte, eine Fußnote zum Stammbaum Jesu, die auf eine syrische Handschrift verwies, in der Joseph einfach als der Vater Jesu bezeichnet wurde. Er ging daraufhin zu einem reformierten Pfarrer in Zürich und bat um Aufklärung.

Dieser kannte aber jene Fußnote gar nicht, und seine Aufklärung bestand in der Vermutung, dass diese Notiz von den ungläubigen Theologieprofessoren in Zürich in die Bibel hineingeschmuggelt worden sei. Damit gab sich Hollenweger aber nicht zufrieden, sondern sagte sich: Entweder sind diese Professoren Schmuggler und müssen dann als solche entlarvt werden, oder es gibt tatsächlich solch eine andere Version der Geburt Jesu. Um dem und auch anderen Ungereimtheiten, auf die er bei seinem Bibelstudium gestoßen war, auf den Grund zu gehen, beschloss er, »Griechisch, Latein und Hebräisch zu lernen, die eidgenössische Maturitätsprüfung nachzuholen und Theologie zu studieren«[173]. Er hatte inzwischen geheiratet, und seine tapfere Frau war

---

[173] Hollenweger (2000), S. 14.

bereit, dies große Unternehmen mit ihm durchzustehen und durch ihre Berufstätigkeit für den Lebensunterhalt zu sorgen.

Diese Lebensentscheidung ist tief bezeichnend für den Menschen und Theologen Walter Hollenweger. Er stellte immer unerbittliche Fragen und gab sich nie mit vorschnellen Antworten zufrieden., selbst wenn diese durch die Tradition und anerkannte Autoritäten der Kirche gedeckt waren. Auf einer Bibelarbeitstagung des Deutschen Evangelischen Kirchentags – er wurde da später ein häufiger und begehrter Mitarbeiter – stellte er einem anerkannten Neutestamentler die Frage, was wir denn konkret vom wirtschaftlichen und sozialen Hintergrund der ersten Jünger und von der wirtschaftspolitischen Interessenlage der neutestamentlichen Berichte wüssten. Dieser schaute ihn »halb irritiert und halb belustigt an und antwortete: So unverschämt können auch nur Sie fragen. Wir wissen es nicht.«[174] Es ist, das wird in diesem kleinen Disput deutlich, das Kennzeichen – man kann auch sagen: das »Markenzeichen« – Hollenwegers, dass er unverschämte Fragen stellt. Die Bezeichnung »Querdenker« trifft darum in besonderer Weise auf ihn zu. – Zunächst führte ihn dies unerbittliche Fragen also zum Studium der Theologie an den Universitäten von Zürich und Basel. Hier ging er bei den damals bekanntesten Schweizer Theologen Emil Brunner und Karl Barth in die Schule. Viel mehr hat ihn aber die, von diesen eher kritisch betrachtete, historisch-kritische Methode der Schriftauslegung beeindruckt, die er bei verschiedenen neu- und alttestamentlichen Exegeten, insbesondere bei dem Züricher Dozenten Fritz Blanke, seinem späteren Doktorvater, studierte. Er erlebte sie als große Befreiung – und das blieb so auf seiner ganzen theologischen Laufbahn.

Was war das Befreiende? – In der Pfingstkirche hatte er die Bibel als das »Wort Gottes« kennen gelernt, dem man entweder mit Glauben oder mit Unglauben begegnen konnte. Eine andere Möglichkeit gab es nicht. Das war beklemmend und hielt seinem unverschämten Fragen nicht stand. Wie konnte man die oft so verschiedenen, ja gegensätzlichen biblischen Aussagen wie z. B. eben die »Jungfrauengeburt« und die Vaterschaft Josephs unter einen Hut bringen? – Nun lernte er, dass die biblischen Zeugnisse nicht nur von besonderen Gottesbegegnungen geprägt waren, sondern auch von der Zeit und den Umständen, in denen sie zur Sprache kamen. Und er lernte auch, dass es, bevor diese Glaubenszeugnisse schriftlich

[174] Ders. (1982), S. 142.

festgehalten wurden, mündliche Vorformen gab, die untereinander diffe-
rierten, ja sich manchmal widersprachen. Diese Erkenntnis wurde später
wichtig bei der von ihm entwickelten Methode der »narrativen Theologie«
(s. u.) – Die Ergebnisse der historisch-kritischen Schriftauslegung wirkten
auf ihn also nicht verunsichernd wie auf viele andere Theologiestudenten,
sondern befreiend. An einem Glauben, der sich ängstlich an vorgeformte
Sätze, Lehren, Bekenntnisse hielt, war er ja längst irregeworden. Die historisch-kritische Exegese schaffte nun Raum für das »unverschämte Fragen«.
Nun durfte, ja musste man die biblischen Texte kritisch hinterfragen. Man
konnte unterscheiden zwischen zeitlich und örtlich bedingten und zeitlos
gültigen Aussagen und konnte so verschiedene, ja gegensätzliche, Aussage
nebeneinanderstehen lassen.

Macht sich durch diese Methode der Theologe nicht zum Herrn über die
Bibel, verfügt er damit nicht über die Texte, statt dass diese über ihn verfügen? – Das war der Vorwurf, den, wie wir sahen, Paul Schütz gegen die
historisch-kritische Bibelauslegung erhoben hat. »Das Befremdliche wird
als Form ausgeklammert. Mit dem Inhalt verfährt man nach zeitgemäßen
Wunschbildern«, so schrieb er. Diese Kritik an der Kritik ist wichtig und
richtig, und sicher ist auch Hollenweger manchmal diesem Verfügenwollen
über die Texte verfallen. Aber es trifft doch nicht insgesamt zu. Denn sein
kritisches Fragen war ja nicht voraussetzungslos und ging nicht ins Leere;
vielmehr war er immer auf der Suche nach dem Gott, der ihn »am Schopf
gepackt« hatte. Und das war eben durch die Bibel geschehen. In Erinnerung an seine schon in jungen Jahren gesammelten Erfahrungen mit der
»Heiligen Schrift« schrieb er später: »Sie faszinierte mich, auch wenn ich
vieles nicht verstand […] Dieses Buch war wahr, wahrer als alle politischen
Schlagworte, denn ich erlebte seine Wahrheit in meinem eigenen Leben.
Die Bibel gab mir Würde und Sinn und weckte auch meine Freude an der
deutschen Sprache.«[175]

Und auch das war ihm klar oder wurde ihm klar, dass die biblischen
Schriften alle ihren Ursprung, ihre oberste Instanz, hatten in dem, der da
als Heiland und Retter der Welt bezeugt wurde, in Jesus Christus. Von ihm
kam die Faszination, von der er bei der Lektüre der biblischen Schriften
ergriffen wurde; von ihm kam aber auch die Freiheit zur Kritik an eben
diesen Schriften – ganz ähnlich übrigens wie bei Martin Luther. – Von

---

[175] Ders. (2000), S. 14.

daher muss auch die Rückfrage an die Kritik der Kritik von Paul Schütz gestellt werden, die Frage nämlich, ob durch diese Abweisung der historischen Kritik nicht eine wichtige Verstehenshilfe des biblischen Zeugnisses verloren geht. Nach Schütz ist die Schrift als Ganzes das Organon, in dem »die leise Stimme« Gottes vernehmbar wird, das darum unangetastet bleiben muss. Denn »jedes Prinzip der Auswahl zerstört ihr das totum«[176]. – Die Rückfrage dazu lautet: Wird diese »leise Stimme« nicht vielleicht noch deutlicher vernehmbar, wenn die einzelnen Teile des geschriebenen Wortes in ihrer Zeitbedingtheit verstanden werden?

Am Ende seines Studiums sammelte Hollenweger dann aber auch die Erfahrung, dass die historisch-kritisch Exegese, die ihn so begeisterte, nicht genügt zur Begründung und Gestaltung des rechten Evangeliumszeugnisses in der Gegenwart, im Gottesdienst und im Leben der Gemeinde. Als er nämlich einen entsprechenden Predigtentwurf seinem Lehrer Prof. Eduard Thurneysen vorlegte, »versuchte dieser ihm schonungsvoll beizubringen, dass das, was er da geliefert hatte, keine Predigt, sondern ein theologischer Aufsatz sei«. Und auf seine Antwort: »Was Sie wollen, das habe ich schon vor dem Studium gekonnt«, kam die Reaktion: »Vielleicht hätten mir Ihre vortheologischen Predigten besser gefallen.«[177]-Das war zwar weise, aber es genügte Hollenweger natürlich nicht. »Wozu denn Theologie studieren, wenn sie für die Predigt nicht taugt?« Darum suchte er den »Weg zurück, von den akademischen Dörrworten, den Abstraktionen zu den saftigen Worten der mir geläufigen mündlichen Kultur.«[178] D. h., er suchte nun eine Predigtmethode, durch die er die große Befreiung, die er selbst durch die historisch-kritische Exegese erfahren hatte, fruchtbar machen und an die Gemeinde weitergeben konnte. Das Ergebnis war die »narrative Theologie«, die unten ausführlich beschrieben werden soll.

2. Erfahrungen der Leibhaftigkeit

Die Grundfrage aller bisher vorgestellten »Querdenker« lautete: Wie wird das Evangelium leibhaftig? Wie wird es aus bloß Nachgedachtem, Gelehrtem, Gepredigtem zur lebendigen Erfahrung? Wie kommt es mithin aus dem Kopf ins »Herz«, wie ergreift es den ganzen Menschen? Die überlieferte kirchliche Antwort darauf ist schnell gesagt: Das ist das Werk des Heiligen

---

[176] Schütz (1964), S. 86.
[177] Ebd., S. 17.
[178] Ebd., S. 17.

Geistes, er allein kann das bewirken. Das ist und bleibt sicher wahr. Aber genügt es? In der Glaubensnot der Kriegs- und Nachkriegszeit wurden jene Querdenker von der Frage umgetrieben, warum denn von diesem Wirken des Heiligen Geistes heute in der Welt und auch in der Kirche so wenig zu sehen sei, warum es da zwar vielfältig gepredigt, aber wenig wirklich erfahren werde. Wo muss man ansetzen, um der Realität dieses Geisteswirkens neu gewahr zu werden?

Diesem Geheimnis der Fleischwerdung des Wortes, seiner Leibhaftigkeit, geht nun auch der fünfte hier vorgestellte »Querdenker« nach. Eines seiner Hauptwerke trägt darum den Titel »Erfahrungen der Leibhaftigkeit«. Dieser Titel zeigt schon, dass er der Fleischwerdung des Evangeliums auf etwas anderem Wege nachgeht als die bisher besprochenen Denker. Der Akzent lag nicht mehr auf der Frage: Wie kann das Evangelium heute neu Gestalt gewinnen? Sondern: Was bedeutet die Fülle von Gestaltungen, die das Evangelium in der ganzen Welt schon hervorgebracht hat, für die Gegenwart und Zukunft der Kirche? Diese Frage hat Hollenweger schon beschäftigt, als er nach dem Theologiestudium in seiner Doktorarbeit die große Bewegung der sog. »Pfingstkirchen« untersucht und dargestellt hat, und sie wurde nachher ein Hauptantrieb seiner theologischen Arbeit.

Nach seinem Studium wurde er, wohl auf Grund dieser Dissertation, vom damaligen Generalsekretär des Ökumenischen Rats der Kirchen Wilhelm Visser't Hooft zum »Exekutivsekretär für Fragen der Verkündigung« berufen. Diese Aufgabe war Hollenweger wie auf den Leib geschnitten. Nun konnte er die verschiedenen Formen der christlichen Verkündigung in der Welt und die daraus erwachsenen Gestaltungen des kirchlichen Lebens studieren. Und er hat das getan, indem er auf weiten Reisen das Gespräch mit den Vertretern dieser verschiedenen christlichen Glaubens- und Lebensformen suchte. Besonders ging es ihm dabei um die neu entstandenen selbstständigen Kirchen in der »Dritten Welt«. Denn es schien ihm klar, dass man diese nicht vom Schreibtisch aus bzw. von der in der westlichen Welt entwickelten Theologie her beurteilen konnte, sondern nur in der direkten Begegnung, von der man dann auch die eigene theologische Position infrage stellen lassen musste. Was er dabei erlebte und erfuhr, hat er später unter dem Titel »Erfahrungen der Leibhaftigkeit« (1979) veröffentlicht. »Von meiner Wanderschaft erzähle ich nicht in kulturell bedingten Abstraktionen«, heißt es in der Einführung zu diesem Werk, »sondern in kulturell bedingten Gleichnissen und Erfahrungen der Leibhaftigkeit. Dabei muss von jedem

Beitrag angegeben werden, in welchem Kontext (wo?), in welcher Sprache (wie?), mit welchen Menschen (mit wem?) er erarbeitet wurde.«[179] Darin kommt seine andere, von der üblichen akademischen Theologie verschiedene Denk- und Vorgehensweise gut zum Ausdruck. Er denkt nicht von innen nach außen, sondern von außen nach innen. Er geht nicht vom Zentrum der biblischen Botschaft aus und überlegt, wie diese Botschaft heute in der Welt recht bezeugt werden kann. Er geht aus von dem schon vorhandenen Evangeliumszeugnis in der Welt und den verschiedenen Gestaltungen, die dies Zeugnis hervorgebracht hat, und bringt diese in Beziehung zum Evangeliumszeugnis der westlichen Welt, von dem er selbst bestimmt war. Dabei geht es also nicht nur um die Vermittlung der eigenen Glaubenserkenntnis an die Anderen, sondern auch um die Vermittlung der anderen Glaubensvorstellungen an uns. Die Frage lautet nicht nur: Wie sage ich's meinem Kinde?, sondern auch: Was hat mein Kind mir zu sagen?

In der Begegnung mit nichteuropäischen Christen und Kirchen, insbesondere mit unabhängigen, d. h. nicht durch westliche Missionen gegründeten und meist auch finanzierten Kirchen in Südamerika und Afrika, geht Hollenweger immer mehr auf, »dass in Lateinamerika und Afrika eine Transformation vor sich geht, die nur verglichen werden kann mit den Umwälzungen, die die christliche Kirche beim Übergang vom Judenchristentum zum Heidenchristentum erfuhr«[180]. – Die damalige »Transformation« entstand ja darum, weil zu den jüdischen Jesusanhängern, die zunächst als eine sektenmäßige Abspaltung des Judentums erschienen, Heiden hinzustießen, die »gläubig« geworden waren. Dies Geschehen hat fast dazu geführt, dass die junge Christenheit in zwei Teile, heute würde man sagen: in zwei Konfessionen, auseinanderbrach. Es war dann das Verdienst der gewaltigen Gestalt des Apostels Paulus, dass in dieser Zerreißprobe die Einheit der christlichen Botschaft und damit auch die Einheit der christlichen Kirche festgehalten wurde. Dieser neue und, wie manche Mitglieder der Jerusalemer Urgemeinde meinten, selbsternannte Apostel wurde von den »Uraposteln« zunächst eher misstrauisch betrachtet. Dass »die von Jerusalem« dann doch auch die Gemeinde von Antiochien und ihre Missionstätigkeit als christlich anerkannten, das überwand die drohende Spaltung zwischen »Judenchristen« und »Heidenchristen«. Das sogenannte »Apostelkonzil« in Jerusalem, auf

179 Ders. (1979), S. 29.
180 Ders. (1979), S. 20.

dem nach heftigen Auseinandersetzungen die Heidenmission des Apostels Paulus offiziell anerkannt wurde, war von daher »nicht eine Debatte *über* die Wahrheit, sondern auf die in der (vorausgehenden) Ereignisreihe verborgene Wahrheit hin«[181], d. h., die »Realgeschichte geht der Ideengeschichte voran«. Und so entstand die neue Gestalt der christlichen Botschaft und Gemeinde, die bald darauf ihren Siegeszug durchs ganze Römische Reich antrat. – Vor einer ähnlichen Aufgabe stehen aber heute nach Hollenwegers Ansicht die Kirchen des Westens in der Begegnung mit den neuen Gestalten des Christentums in der »Dritten Welt«. Das Gespräch zwischen beiden, so meint er, »könnte sich als conditio sine qua non für den Weiterbestand der christlichen Tradition erweisen«[182].

3. Die mündliche Kirche

Die Grundlagen der beiden Gestalten christlichen Glaubens und Lebens unterscheiden sich zunächst äußerlich dadurch, dass die eine schriftlich fixiert, die andere hauptsächlich mündlich tradiert wird. Hinter dieser äußeren Differenz steht aber die innere, dass auf der einen Seite, bei den »westlichen« Kirchen, das Heil im Wesentlichen »verkündigt« wird und »allein im Glauben« aufgenommen werden kann, während bei den »südlichen« Kirchen das Heil auch »erfahren« werden kann und soll. Dahinter aber steht eine verschiedene Sicht dieses Heilsgeschehens. Während bei den von der »Theologie des Mittelmeerraumes« geprägten Kirchen im Zentrum des Heils die »Rechtfertigung des Sünders« steht, also ein ganz unanschauliches Geschehen, so im Zentrum der neuen Kirchen in der »Dritten Welt« die »Heilung«, nicht nur die Heilung von allerlei Krankheiten, sondern von allen menschlichen Beziehungen. Dieses Heil kann und soll erfahren werden. Darum wird es nicht nur »verkündigt«, sondern auf verschieden Weise vergegenwärtigt. –

In den Gottesdiensten dieser Eingeborenen-Kirchen spielt deshalb die Predigt nicht die zentrale Rolle wie in den abendländischen Kirchen. Das Heil soll ja eben nicht nur verkündigt, sondern leibhaftig erfahren werden. Darum wird dargestellt, wie es sich ereignet hat und auch heute ereignet. Und das geschieht nicht nur durch das Wort, sondern auch, ja oft vordringlich, durch Gesang und Tanz. Dabei gibt es je nach kulturellem

---

[181] Ebd., S. 131.
[182] Ebd., S. 21.

und sozialem Hintergrund erhebliche Unterschiede. Es gibt die »leisen, verhaltenen Weisen der pfingstlichen Indianerkirchen in Mexiko und die beinahe übermütigen, mit Trommeln, Trompeten und Handharmonika begleiteten Sambarhythmen der brasilianischen Pfingstkirchen, zwischen der Blechmusik der Kimbanguisten und den dumpfen Trommeln der Zionisten«[183]. Allen gemeinsam aber ist Musik und Tanz als Darstellung des biblischen Heils und als Ausdruck der Freude und Begeisterung, mit denen dieses Heil Menschenherzen ergreift und verwandelt.

Mit Worten wird dies Heil dann auch vor allem so verkündigt, dass es »erzählt« wird. Hollenwegers ganze »Interkulturelle Theologie« ist von solchen Erzählungen geprägt.

Bezeichnend dafür ist etwa die Erzählung vom Ursprung der »Kimbanguisten-Kirche« in Afrika. Diese Kirche ist aus dem besonderen Lebenswerk und Leidensweg von Simon Kimbangu erwachsen. Dieser war ein schwarzer Christ aus Zaire im Kongo. Er besuchte eine baptistische Dorfschule, wurde darin vom christlichen Glauben ergriffen und ließ sich taufen. Danach strebte er eine katechetische Ausbildung bei der Baptistischen Mission an, wurde aber abgelehnt, da er lediglich eine Dorfschulbildung genossen hatte und nur stockend lesen konnte. »Ich habe keinen Verstand zum Lesen, aber ich verstehe viel von Religion«, sagte er später einmal. Dieses Verständnis bzw. diese persönliche Beziehung zu Christus und seinem Wort führte dazu, dass er die innere Berufung erfuhr, zu Kranken zu gehen und unter Handauflegung für sie zu beten. Dabei kam es zu vielen Heilungen. Nun strömten die Massen herbei. Ohne dass Kimbangu das gewollt oder geplant hätte, wurde er zum Gründer einer großen enthusiastischen Bewegung, die das ganze Land erschütterte.

Das erregte in wachsendem Maße die Sorge der belgischen Kolonialregierung. Sie befürchtete einen Aufstand dieser schwarzen Christen gegen die weiße Oberherrschaft und ließ deshalb Kimbangu kurzerhand verhaften. In einem Scheinprozess ohne Zeugen und ohne Verteidigung wurde er zum Tode verurteilt und später zu Geißelung und lebenslanger Haft »begnadigt«. Er starb 30 Jahre danach im Gefängnis. – Während dieser ganzen Zeit hat Kimbangu seine Anhänger immer ermahnt, von Aufruhr und jeglicher Gewaltanwendung abzusehen. Es geschah aber durch sein Martyrium das Gegenteil von dem, was die Kolonialregierung angestrebt und erwartet hatte.

---

[183] Ders. (1979), S. 21.

Die »Kimbanguisten-Bewegung« brach nicht zusammen, sondern erlebte einen ungeahnten Aufschwung, der schließlich zu einer großen Kirche von 3 bis 4 Millionen Mitgliedern führte.

Diese Geschichte ist darum so eindrücklich und erhellend, weil die Spannung zwischen den beiden »Christentümern«, dem »westlichen« und dem »südlichen«, sich in gewaltsamer Verfolgung und Terror entlud. Dabei zeigte sich auch, wie sehr die westliche Mission in Gefahr stand, ins Schlepptau der westlichen Kolonialpolitik zu geraten. Das blieb glücklicherweise nicht so, sondern später (1969) wurde die Kimbanguistenkirche in den »Ökumenischen Rat der Kirchen« aufgenommen. Und auch die Gefahren und Gefährdungen der Eingeborenenkirchen sind seither deutlich geworden – insbesondere in der weiteren Entwicklung der »Kimbanguisten-Gemeinde«, die in der Folgezeit offenbar immer mehr zu einer von der Familie Kimbangus beherrschten enthusiastische Sekte geworden ist. – Dem kann hier nicht weiter nachgegangen werden. Es zeigt aber, dass das Gespräch, die innere Auseinandersetzung, zwischen beiden Kirchengestalten für *beide* Seiten heilsnotwendig ist. Für die neu entstandenen »südlichen« Kirchen bedeutet das, dass sie sich ernsthaft mit dem in der Theologie des »Mittelmeerraumes« entwickelten Bekenntnis und der darauf fußenden »westlichen« Christenheit befassen müssen. Ebenso wichtig ist aber das Gespräch der »westlichen« Kirchen mit der auf Heilung ausgerichteten Erfahrungstheologie der Kirchen in der »Dritten Welt«. Darum eben hat Hollenweger diese innere Auseinandersetzung als »conditio sine qua non« für die Weltkirche der Zukunft bezeichnet.

4. Die narrative Theologie

Wie oben schon erläutert, war Hollenweger nach Abschluss seines Theologiestudiums, in dem er die historisch-kritische Exegese als große Befreiung erfahren hatte, auf der Suche nach einer Predigtmethode, in der er diese Befreiung an die »Laienchristen« weitergeben könnte. Das Ergebnis war die »narrative Theologie«, d. h. die Weitergabe des Evangeliums nicht durch begriffliche Auslegung, sondern durch Nacherzählen ihrer verschiedenen Gestaltungen. Das legte sich ihm auch nahe durch die Begegnung mit den Kirchen der »Dritten Welt«; denn in deren Gottesdiensten wurde das Evangelium ja, wie wir gehört haben, nicht nur theologisch interpretiert, sondern vor allem erzählt, wobei diese Erzählungen noch durch viel Gesang und Tanz ausgemalt wurden. – In der Bibel begegnet das Evangelium ja auch vor allem als Erzählung, als Geschichte oder Legende, als Gleichnis oder Mythos. Darum muss die erste Form der Weitergabe auch immer die Nacherzählung sein. Das haben vor Hollenweger schon andere Theologen betont, vor allem J. B. Metz, H. Halbgass, L. Steiger u. a. Eine daraus entwickelte »Narrative Theologie« war darum in den 70er-Jahren des letzten Jahrhunderts vielfältig im Gespräch.

Hollenweger hat aber eine ganz eigene Form »narrativer Theologie« entwickelt, die, soweit ich sehe, bisher keine Nachfolger gefunden hat. Er selbst wurde aber vor allem durch diese Methode bekannt, ja berühmt. Er wurde zum begehrten Bibelausleger auf fast allen Deutschen Evangelischen Kirchentagen, aber auch in vielen Kirchen und Gemeinden in der ganzen Welt. – Worum geht es da? Was wird da erzählt und wie? – Nun: Hollenweger will die Ergebnisse der historisch-kritischen Exegese weitergeben, indem er die Geschichte der Entstehung eines biblischen Textes nacherzählt. D. h., er versucht nicht, die biblische Geschichte, wie sie jetzt dasteht, nachzuerzählen und dadurch zu deuten, wie das Lothar Steiger in genialer Weise getan hat.[184] Seine Absicht ist vielmehr, den Entstehungsprozess der biblischen Zeugnisse nachzuerzählen – und zwar auf dem Hintergrund der geschichtlichen Situation, in die hinein diese Zeugnisse ergangen sind. Der biblische Text wird so aus seinem festen Endzustand in den flüssigen Entstehungsprozess vorverlegt. Darum wird er auch nicht nur von einem Sprecher bzw. Prediger vorgetragen, sondern von vielen verschiedenen Mitspielern dargestellt.

Da wird etwa die Geschichte von Jakobs nächtlichem Kampf am Jabbok (1. Mose 32) so vermittelt, dass der Prophet Hosea sie in seinem eigenen geschichtlichen Kontext erzählt und dabei Jakob als Urbild des Widerstandes und Ungehorsams Israels gegen seinen Gott vor Augen stellt. Und es ist dazu auch gar nicht Hosea selbst, der das erzählt, sondern seine Familie, die Witwe Gomer und ihre drei Kinder, erzählen, was sie darüber vom Vater gehört haben, und jeder berichtet es etwas anders. – »Der Mythos wird also im Umfeld eines bestimmten sozialen Konflikts erzählt«; und »[e]r wird von Menschen erzählt, die ein emotional besetztes, gebrochenes Verhältnis zum Mythos haben. Das heißt, Erzähler und Sprecher sind in einer ähnlichen Situation wie die Zuhörer.«[185] So können sich die Zuhörer selbst in diesem

---

184 Vgl. Steiger (1978).
185 Hollenweger (1982), S. 115.

Spiel wiederfinden und ihre eigene Antwort auf den Anruf des Textes suchen. In ganz besonderer Weise gilt das aber für die Mitspieler. Sie werden in das dramatische Geschehen hineingenommen und können, ja müssen, so selbst Stellung beziehen. Darum hat Hollenweger immer möglichst viele an der dramatischen Aufführung des dem biblischen Text zugrunde liegenden Geschehens beteiligt, entweder als Mitspieler oder als Sänger, Tänzer, Musikanten. Die von ihm entworfenen Spiele waren darum auch immer von viel Musik und Tanz begleitet. Denn »nur was wir gespielt, getanzt und gesungen haben, haben wir verstanden«, schreibt Hollenweger.

Für solch ein biblisches Spiel lässt sich aber nicht nur der innere Kreis der Gemeinde gewinnen, sondern auch, ja oft noch leichter, Außenstehende, die der Kirche und ihrer Botschaft kritisch gegenüberstehen. So hat Hollenweger vor allem Künstler, Schauspieler und Tänzer(innen) dafür gewinnen und begeistern können. Eine solche Aufführung hat darum immer auch eine missionarische Ausstrahlung, sie ist eine andere Form von Evangelisation. Denn Evangelisation ist für Hollenweger »ein dialogischer Prozess, nicht nur für Menschen, sondern mit den Menschen«. – In der Folge ist von Hollenweger selbst oder von ihm angeregt eine Fülle von »Biblischen Spielen« entstanden, die heute von dem kleinen Schweizer »Metanoia-Verlag« angeboten und vertrieben werden. Immer geht es dabei darum, die »Vielschichtigkeit« der biblischen Texte und die theologischen Auseinandersetzungen, die zu ihrer Jetztgestalt geführt haben, aufzuzeigen. Das soll dazu führen, dass die heutige Gemeinde einen Text nicht einfach akzeptiert bzw. akzeptieren muss, weil er in der Bibel steht, sondern sich mit ihm lebendig und d. h. auch kritisch auseinandersetzt.

Kein unproblematisches Unternehmen! Denn was wissen wir denn Sicheres über jenen Hintergrund und die mündlichen oder auch schriftlichen Vorformen des Bibeltextes? – »Wir wissen es nicht!«, hat schon jener neutestamentliche Experte auf die »unverschämte« Frage Hollenwegers geantwortet. Und hatte er nicht recht? Die historisch-kritische Forschung liefert doch nur Vermutungen und Hypothesen zu diesem Entstehungsprozess, die sich oft auch gegenseitig widersprechen. Kann man denn auf einem so unsicheren Fundament den Glauben der christlichen Kirche aufbauen? Wird durch die von der historisch-kritischen Erforschung bewirkte »Verflüssigung« der biblischen Texte, durch ihre Auflösung in Vorformen und verschiedene Deutungen, der verpflichtende Anruf des Evangeliums nicht beseitigt? Was ist denn das »Wort Gottes«, wenn das geschriebene Bibelwort keine absolute Geltung mehr beanspruchen kann?

Darauf antwortet H: Das Wort Gottes ist nicht das geschriebene Bibelwort und auch nicht seine kirchlich approbierte Auslegung, weder auf die Schrift allein noch auf Schrift und Tradition kann die Kirche ihren Glauben gründen. Das »Wort Gottes« ist vielmehr der ganze Prozess, in dem die biblischen Texte entstanden sind und durch den sie heute in der gegenwärtigen Gemeinde neu angeeignet werden müssen. »Nur zusammen, in der Gemeinde, in der ärgerlichen, aber doch realistischen Vielstimmigkeit der Bibel ist das Wort Gottes anzutreffen«[186] – das ist eine Auskunft, die viel Widerspruch hervorgerufen hat und hervorrufen muss. Der Aneignungsprozess des biblischen Wortes kann und wird ja in verschiedenen Gemeinden sehr verschieden verlaufen. Wird sich dann nicht jede Gemeinde ihr eigenes Gotteswort zurechtlegen? Wird die christliche Kirche dann nicht in verschiedene Bekenntnisgruppen zerfallen? – Damit stehen wir vor der Frage, die sich schon der Urkirche gestellt hat und auf die sie mit allen ihren Symbolen und Ämtern geantwortet hat: mit dem Apostolischen und Nizäno-Konstantinopolitanischen Glaubensbekenntnis, mit dem Kanon der neutestamentlichen Schriften, mit dem Bischofsamt und dem kirchlichen Lehramt. Alle diese Einrichtungen hatten ja die eine gleiche Aufgabe: die Einheit des christlichen Zeugnisses in der Welt und damit die Einheit der christlichen Kirche festzuhalten und gegen alle Spaltungen zu verteidigen. Das sind wichtige Hilfen, die man nicht außer Acht lassen kann, gerade dann nicht, wenn es darum geht, das »Gotteswort« heute zu hören und das christliche Bekenntnis in der Gegenwart neu zu formulieren. – Außerdem: Ist nicht der biblische Text dadurch, dass er in den Kanon hineingestellt und so von der Kirche gewissermaßen »akkreditiert« wurde, zur Grundlage des Glaubens dieser Kirche geworden? Und wird nicht die kritiklose Annahme eines dieser Texte als »Wort Gottes« schon dadurch verhindert, dass er von den anderen Texten des biblischen Kanons nicht nur bestätigt, sondern auch infrage gestellt wird?

Das sind Fragen, die von Hollenweger wohl etwas zu wenig bedacht wurden. Er betrachtete immer nur den Text und seine Entstehungsgeschichte und nicht die darauf folgende kirchliche Traditionsgeschichte. die doch für sein Verständnis mindestens ebenso wichtig ist. – Wenn ein biblisches Glaubenszeugnis vergegenwärtigt werden soll – und darum muss es ja in aller

---

[186] Ders. (1988), S. 226 ff.

kirchlichen Verkündigung gehen –, dann gilt es also nicht nur seine Entstehungsgeschichte, sondern ebenso seine Wirkungsgeschichte zu bedenken. Was kann dann auf dem Hintergrund all dieser kritischen Rückfragen die narrative Wiedergabe der Entstehungsgeschichte biblischer Texte noch für eine Bedeutung haben? Nun: Durch sie wird der Geschichtscharakter der göttlichen Offenbarung besonders deutlich. Offenbarung *geschieht*. Sie ist nicht nur etwas Gedankliches, eine geistige Vorstellung oder schriftliche Botschaft. Sie ereignet sich in der Welt an Menschen und mit Menschen und ruft uns dazu auf, sie zu vergegenwärtigen, d. h. in der Gegenwart neu zu entdecken, ja mitzugestalten. Wenn man das im Auge behält, dann können die »Biblischen Spiele« des Walter Hollenweger und seiner Nachahmer eine entscheidende Hilfe für die Aufnahme und Vergegenwärtigung des biblischen Zeugnisses und d. h. eben seiner *Verleiblichung* werden.

Literaturverzeichnis

– HOLLENWEGER, WALTER J. (1965/67): *Handbuch der Pfingstbewegung.* Dissertation, Universität Zürich, 1966: Band 1–7; Habilitationsschrift, Universität Zürich, 1967: Band 8–10. Drei Hauptteile: Überblick (Band 1), nach Ländern (Band 2: Afrika; 3: Nordamerika; 4: Lateinamerika; 5: Asien/Australien, 6: Europa, Halbband 1, 7: Europa, Halbband 2), Bibliographie (Band 8: Kommentierte Bibliographie. Kurzbiographien. Einführung in Hauptteil 3; 9: Selbstdarstellungen, 10: Fremddarstellungen). Zürich: Universität, 1965/vollständig: 1966.
– DERS. (1969): *Enthusiastisches Christentum: die Pfingstbewegung in Geschichte und Gegenwart.* Wuppertal: Brockhaus; Zürich: Zwingli, 1969.
– DERS. (1973): *Evangelisation gestern und heute.* Stuttgart: Steinkopf, 1973.
– DERS. (1979): *Erfahrungen der Leibhaftigkeit.* (Interkulturelle Theologie, Bd. 1.) München: Kaiser, 1979.
– DERS. (1982): *Umgang mit Mythen.* (Interkulturelle Theologie, Bd. 2.) München: Kaiser, 1982.
– DERS. (1988): *Geist und Materie.* (Interkulturelle Theologie, Bd. 3.) München: Kaiser, 1988.
– DERS. (2000): *Der Klapperstorch und die Theologie: die Krise von Theologie und Kirche als Chance.* Kindhausen: Metanoia-Verlag, 2000.

Sekundärliteratur:
– Steiger, Lothar (1978): *Erzählter Glaube: die Evangelien.* Gütersloh: Mohn, 1978.

Weiterführung

Die fünf vorgestellten Denker weisen, wie hoffentlich deutlich geworden ist, von verschiedenen Orten und auf verschiedene Weise in dieselbe Richtung. Sie ergänzen und deuten sich so gegenseitig. Weizsäcker spricht vom »Mysterium Incarnationis«, vom Leibhaftigwerden des Geistes, das er in jeder menschlichen Biografie meinte beobachten zu können; Schütz von der »Parusia«, der »Anwesenheit« des Heils als Gegenwart des Zukünftigen; Wittig vom »Leben Jesu in Schlesien und anderswo«, dem er in seiner Jugendzeit im Glatzer Bergland begegnet ist; Rosenstock-Huessy von der »Wortverkörperung«, die in aller menschlichen Geschichte im Gange ist; schließlich Hollenweger von seinen »Erfahrungen der Leibhaftigkeit« in den Kirchen der Dritten Welt. Alle gehen also von realen Erfahrungen aus, die vom Evangelium aufgenommen und zur Erfüllung geführt werden müssen So wird das Heil wirklich – d. h. wirksam – im Leben der Menschen. – Was heißt das nun für die kirchliche Theologie und Praxis, für die Gestalt der Gemeinde und ihres Gottesdienstes?

Ein Blick auf die Debatte über die Zukunft der Kirche bzw. über »Perspektiven für die Evangelische Kirche im 21. Jahrhundert«, die seit 2004 in der EKD auf breitester Basis geführt wurde, mag das verdeutlichen. Dabei hat eine sog. »Perspektivkommission« im Gespräch mit verschiedenen nichttheologischen Fachleuten, vor allem aus der Wirtschaft, überlegt, welche organisatorischen Maßnahmen und welche Umstrukturierung der kirchlichen Arbeit notwendig sind, um die Rückwärtsentwicklung der Mitgliederzahlen und damit der Finanzmittel aufzuhalten und der Kirche zu ermöglichen, weiterhin ihre Botschaft glaubwürdig und effizient allem Volk zu verkündigen. Daraus ist ein großer Beratungsprozess mit vielen Reformvorschlägen entstanden, der bis heute andauert. – Auf einem 2007 in Wittenberg abgehaltenen »Zukunftskongress« hat Bischof Wolfgang Huber dabei in einem Grundsatzreferat den Delegierten das »Profil« der Evangelischen Kirche als »Kirche der Freiheit« vor Augen gestellt. Die große Botschaft von der »Freiheit eines Christenmenschen«, die sich im 16. Jahrhundert von Wittenberg aus wie eine Druckwelle in ganz Europa ausgebreitet hat, sollte im 21. Jahrhundert in erneuerter Gestalt Leben und Wachstum der Evangelischen Kirche bestimmen. Darin geht es um die »als Geschenk anvertraute und in der Befreiung von der Sünde erneuerte Freiheit«, die es nun verantwortlich zu gebrauchen gilt.

Damit ist sicher ein Grundanliegen der Reformation zur Sprache gebracht. – Aber wie wird diese Befreiung wirklich? Wie geschieht sie? Vielen Protestanten, ja vielleicht den meisten, erscheint das als ein rein mentales Geschehen: Eine Botschaft wird verkündigt, und wer sie annimmt, wer sich auf sie einlässt, der wird frei. Das aber ist nach der Meinung der hier vorgestellten Denker zu wenig. Die Unfreiheit des Menschen steckt ja nicht nur in seinem Geist, in seinem Denken, sondern auch, ja noch mehr, in seinem Leib, in seinen Gefühlen und Empfindungen, seinen Trieben und Begierden. Die Sünde ist eine Macht, die den ganzen Menschen versklavt. Wirkliche Befreiung kann darum nur von einer Gegenmacht ausgehen, die auch den ganzen Menschen ergreift. Gedanken sind zwar frei, aber sie machen nicht frei. Ja, das Gehirn ist nach einer Aussage von Rosenstock-Huessy das »rückständigste Organ« unseres Leibes, es hinkt dem Geschehen immer hinterher, es denkt nur »nach«. Darum hat Jesus nicht nur gepredigt, sondern auch geheilt, ja, meist ging die Heilung der Predigt voraus. Und so war es auch am Ursprung der christlichen Kirche, wie die ganze Apostelgeschichte bezeugt. Die Rechtfertigung des Sünders und seine Heilung, die Vergebung der Sünden und die Auferweckung von den Toten hängen da eng zusammen, und da gibt es keinen Vorrang, keine immer gleiche Reihenfolge, das eine deutet und bestätigt das andere und umgekehrt. Das heißt aber: Allein durch das Wort und allein durch die gläubige Annahme dieses Wortes kommt es nicht zur wirklichen Befreiung des Menschen – jedenfalls nicht immer.

Das haben m. E. am deutlichsten die oben vorgestellten Ärzte gesehen und zur Sprache gebracht: Viktor v. Weizsäcker und Wilhelm Kütemeyer. Als Ärzte hatten sie es ja vordringlich nicht mit dem Geist, sondern mit dem Leib des Menschen zu tun. Dabei sammelten sie die Erfahrung, dass die in der Kirche verkündigte »Freiheit eines Christenmenschen« den Leib nicht erreichte, dass sie nicht leibhaftig erfahren wurde. Damit aber wurde sie zu einer kraftlosen christlichen Ideologie. Das Dilemma des Protestantismus in der Neuzeit besteht nach Kütemeyer »in einem Zerwürfnis zwischen einem Glauben, der im Bewusstsein seinen Platz hat, und einer ganz anders gearteten Wirklichkeit in Leib und Seele [...] Die Wahrheit wird zwar erkannt, aber nicht leibhaftig. Sie *ist* zwar, aber sie geschieht nicht.«[187] Das also ist nach diesen Ärzten der Grundschaden des Protestantismus im 20. Jahrhundert:

---

[187] Kütemeyer (1953), S. 290.

Die in ihm verkündigte Botschaft von der Rechtfertigung des sündigen Menschen allein durch den Glauben kann nicht zu wirklicher Befreiung führen, weil der Glaube als bloßer Akt des Bewusstseins missverstanden wird. – Paul Schütz spricht in seiner sehr intensiven Auseinandersetzung mit diesen Ärzten von einem »formalisierten Glaubensbegriff«, der »eher Rechtfertigung der Krankheit ist als Heilung«, und fährt dann fort: »Der formalisierte Glaubensbegriff deckt den Seinsverlust mit einer papierenen Valuta, nicht mit dem Gold der Anwesenheit.«[188] Die »Anwesenheit« aber, d. h. Gottes Hineinwirken in die irdische Wirklichkeit, ist die Voraussetzung dafür, dass Befreiung des Menschen wirklich geschieht. Und dass sie nicht wirklich geschieht, das eben ist die Erfahrung jener Ärzte, die sie im Gespräch mit den Menschen, den sog. »kranken« wie den sog. »gesunden«, gesammelt haben. Paul Schütz schrieb dazu: »Die scharfäugige Diagnose dieser Ärzte trifft uns dort, wo wir als Theologen krank sind.«[189] Wir schulden ihnen deshalb besonderen Dank, denn »gewisse Dinge bleiben für den Betroffenen unerkennbar. Nur der andere sieht sie.«[190] Und das gilt in besonderer Weise für die Glaubenserkrankung, um die es hier geht.

Was ist das für eine Krankheit, und was sind ihre Ursachen? Dem sind beide Ärzte in tiefschürfenden Überlegungen nachgegangen. Grundsätzlich schien ihnen die diagnostizierte Erkrankung eine Form von Schizophrenie. Es ist das überhaupt die Erkrankung des neuzeitlichen Europas, wie Kütemeyer in seinem Buch »Die Krankheit Europas« dargestellt hat. Noch schärfer ist die Diagnose von Weizsäckers in »Begegnungen und Entscheidungen«. Er spricht dort von einem »wahren Salto mortale des wissenschaftlichen Menschen«: »Die, welche den Sprung in die Religion tun, begehen einen halben Todessprung; ich meine mit dem Wort halb, dass er sich nur im Bewusstsein, nicht mit Leib und Seele vollzieht. Die Folge ist aber eine Art von Bewusstseinsspaltung, und je gründlicher sie erfolgt, desto deutlicher entsteht das Bild der beginnenden oder vollendeten Schizophrenie.«[191] Er sah diese Erkrankung also auch in der wissenschaftlichen Medizin seiner Zeit, sie wirkt sich aber nach der Meinung dieser Ärzte in der Theologie besonders verhängnisvoll aus, ja ist von ihr mitverschuldet. Denn sie erzeugt eine Bewusstseinsspaltung, in der die Wahrheit des Denkens, die gedachte

---

[188] Schütz (1963b), S. 165.
[189] Ebd., S. 169.
[190] Ebd., S. 167.
[191] Von Weizsäcker (1986a), S. 216.

Wahrheit, der Wahrheit der Wirklichkeit, der körperlichen Wahrheit entgegengesetzt wird. – Dass diese Erkrankung schon im reformatorischen Grundbekenntnis, dem dreifachen »allein« – allein durch Christus, allein durch den Glauben, allein durch die Schrift – sich ankündigt und in dessen Radikalisierung in der Existenzdialektik Kierkegaards zum Ausbruch kommt, ging dann Paul Schütz in der Auseinandersetzung mit dem in Hamburg herrschenden lutherischen Konfessionalismus auf. Er beobachtete hier, wie eine Kirche, die ihre Lehre und Ordnungen auf dieser Grundlage aufbaute, der Erstarrung verfiel. Das hat er in der Denkschrift »Zur Kritik der reformatorischen Grundlagen« ausgesprochen, die dann zu seiner vorzeitigen Pensionierung führte.

Es ist nicht recht zu verstehen, dass diese fundierte Kritik an den Grundthesen der Reformation bei den Überlegungen zum bevorstehenden großen Reformationsjubiläum nicht nur nicht widerlegt, sondern überhaupt nicht zur Kenntnis genommen wurde. Das hängt wohl damit zusammen, dass die reformatorische Botschaft von der Rechtfertigung des sündigen Menschen allein durch das im Glauben angenommene Gotteswort im Protestantismus eine Art von »heiliger Kuh« geworden ist, die auf keinen Fall angetastet werden darf. Dabei wird diese Botschaft durch die vorgestellten kritischen Rückfragen gar nicht bestritten. Nur ihre Grenzen werden festgestellt und von da Ausschau gehalten nach dem, was den Menschen wirklich befreit. Und das wird gefunden in der »Anwesenheit«, d. h. in der erfahrbaren Gegenwart, der heilenden Kraft Gottes.

In wunderbarer Weise hat das Dostojewski in seinem Roman »Schuld und Sühne« beschrieben. Wodurch wird der Mörder Raskolnikow von seiner Schuld befreit und von dem starren Denksystem, in das er sich vor dieser Schuld geflüchtet hat? Nicht durch eine irgendwie geartete Verkündigung und deren gläubige Annahme, sondern dadurch, dass die Prostituierte Sofja, die ihn liebt, ihm in die Verbannung nach Sibirien folgt, ihm dort zur Seite steht und zur Seite bleibt trotz aller Ablehnung und Kälte, mit der er ihr begegnet. So kam der Moment: »Wie es zuging, wusste er selbst nicht«, schreibt Dostojewsky, »aber plötzlich war es ihm, als ob ihn eine unwiderstehliche Kraft packe und zu ihren Füßen niederwürfe. Er weinte und umschlang ihre Knie.« Das war seine Befreiung – ein ganz und gar leibhaftes Geschehen. – In Gestalt der Sofja begegnet Raskolnikow dem »Mysterium Incarnationis«, der »Anwesenheit« des Heils in der Zeit, dem »Leben Jesu« nicht nur in Palästina, sondern auch in Sibirien und anderswo.

So eben geschah seine Befreiung – und ähnlich geschieht sie im Grunde immer. Das Wort der Vergebung muss durch die Erfahrung der Anwesenheit des Heils vorbereitet und bestätigt werden; sonst bleibt es eben nur ein Wort. Wenn das wahr ist, was hat das dann für Gestalt und Praxis der Kirche zu bedeuten? Das ist die Frage, die m. E. durch die fünf Querdenker gestellt ist. Die Antwort darauf kann hier nicht umfassend gegeben, sondern nur angedacht werden. – Grundsätzlich ist klar: Die Kirche kann die ihr gestellte Aufgabe nur erfüllen, ihre missionarische Kraft nur entfalten, wenn sie dieses befreiende Heilsgeschehen glaubhaft zu bezeugen vermag. Dazu gehört sicher die »Botschaft« von der Gnade Gottes für den sündigen Menschen; aber es geht ja um mehr. Es geht um die Vergegenwärtigung der befreienden und heilenden Macht, die von Christus ausgeht. Wie kann das geschehen? Der Ort, an dem das zunächst – nur zunächst! – geschehen soll, ist der christliche Gottesdienst. Er ist dazu da, die vergangenen Heilstaten Gottes in Erinnerung zu rufen und zukünftige zu verheißen. Er kann also die Befreiung nicht selbst bewerkstelligen, sondern nur ins Gedächtnis rufen und ankündigen. Aber eben das kann er und das soll er.

Wie könnte solche »Vergegenwärtigung« konkret aussehen? »Ein Ereignis wird nur dann gemeistert«, schreibt Rosensock-Huessy in seinem großen Sprachwerk, »wenn es zugleich hinter unserer und über unsere Zeit hinaus und in ihr drinnen liegt. Dann erleben wir es tief genug, um ihm seinen vollen Sinn abzugewinnen.« Und wie die »Meisterung eines Ereignisses« sprachlich geschieht, macht er an einem Chorlied des spartanischen Dichters Tyrtaios klar. In diesem Lied »singen drei Gruppen: Die Ältesten, die Krieger, die Knaben. Ihr Thema ist Krieg. Dieses Thema liegt hinter den Ältesten, aber es steht vor den Knaben und es umringt die Krieger. Das Thema entlockt daher den Ältesten Einsicht, den Knaben Anfeuerung, den Männern Entschlossenheit.« Und so eben wird dem Thema Krieg sein voller Sinn abgewonnen. Es sind dazu drei verschiedene Chöre notwendig, die »einander hervorrufen«. »Dem Krieg können erst alle drei Aspekte zusammen Genüge tun. Dann ist also in vollmächtiger Rede kein Satz selbständig gemeint.«[192]

Es ist wohl unmittelbar einleuchtend, dass diese Sicht der »Meisterung eines Ereignisses« von großer Bedeutung ist für die Gestalt des christlichen Gottesdienstes. Denn da geht es ja darum, dem Ereignis der Gottesoffenbarung

[192] Rosenstock-Huessy (1963/64), Bd. I, S. 367 ff.

in der Welt »seinen vollen Sinn abzugewinnen«, indem es nicht nur als ein vergangenes, sondern auch gegenwärtiges und zukünftiges Geschehen zur Sprache kommt. Und es wird auch klar, dass das durch die Predigt allein nicht geschehen kann, sondern nur durch verschiedene »Chöre«, d. h. sprachliche und musikalische Zeugnisse, die »einander hervorrufen«. Davon müsste also die Gestalt des christlichen Gottesdienstes bestimmt sein. Und entspricht dem nicht die überlieferte Messliturgie? Sie ist oder sollte sein das Sprachgeschehen, in dem die Befreiungstaten Gottes vergegenwärtigt werden. Da können die verschiedenen Chöre zu Gehör kommen, die Einsicht, Anfeuerung und Entschlossenheit vermitteln, in Form überlieferter Bekenntnisse und Lieder, von Gebeten, Lesungen und neuen Liedern. Der Gottesdienst wird so eine große Symphonie, in der Gott gepriesen wird, indem seine vergangenen Rettungstaten in Erinnerung gerufen und zukünftige verheißen werden. – Der protestantische Gottesdienst steht dagegen immer in Gefahr, eine Predigtveranstaltung mit liturgischer Umrahmung zu werden. Das aber eben ist zu wenig. Es wird der dem Gottesdienst gestellten Aufgabe nicht gerecht, die nicht nur darin besteht, eine Botschaft zu verkündigen, sondern ein Geschehen zu vergegenwärtigen. Die Predigt ist ein Teil dieses Geschehens, ein wichtiger Teil, aber nicht viel wichtiger als andere Teile. Der Prediger darf mit seinem Instrument in die große Symphonie des Gottesdienstes einstimmen.

Ein solcher Gottesdienst hat, wenn er gelingt, in sich missionarische Kraft. Die Gemeinde wird in ihm zu der von Bonhoeffer geforderten »Kirche für andere«; denn in ihm wird die befreiende Kraft, die von Christus her in die ganze Welt hineinwirkt, bezeugt und zur Erfahrung gebracht. Und das kann ja nicht geschehen, ohne dass die Unfreiheit in den Blick kommt, in der die ganze Welt, die Masse der Menschen, gefangen liegt, die Verknechtung nicht nur durch die persönliche Sünde, sondern auch durch Gewalt, Hunger, Krankheit und menschenunwürdige Arbeitsverhältnisse. »Eine andere Welt ist möglich«, sagen die Kritiker der gegenwärtigen Weltwirtschaft, und das Evangelium sagt: Ja, sie ist möglich geworden durch die befreiende Kraft Gottes, die von Bethlehem und Golgatha her in die Welt hineinwirkt. Das hat die christliche Kirche zu bezeugen, zunächst durch ihren Gottesdienst, dann aber auch durch die andere Art ihres Zusammenlebens und durch konkrete Zeichen der durch Christus möglich gewordenen anderen Welt im Zusammenleben aller Menschen und Völker. Es geht dabei nicht nur um kirchliche Stellungnahmen zu den politischen und wirtschaftlichen

Weltproblemen. Die sind ja immer etwas wohlfeil; denn die Kirchenvertreter/-innen brauchen die Verantwortung für die konkreten politischen Folgen ihrer kritischen oder mahnenden Stellungnahmen nicht zu übernehmen. Wichtiger und hilfreicher sind konkrete Aktivitäten, in denen die große Befreiung, die von Christus ausgeht, sichtbar und erfahrbar wird. Das ist keine leichte Aufgabe, aber es gibt ja viele ermutigende Beispiele solcher Aktivitäten, z. B. die Initiativen von »Eirene«, »Aktion Sühnezeichen«, »Versöhnungsbund« u. a.

Das also sind die »Perspektiven für die Kirche im 21.Jahrhundert«, wenn man die notwendige »Leibhaftigkeit« in den Blick bekommt. Dabei könnten die Kirchen des Westens viel lernen von den jungen Kirchen in der »Dritten Welt«. Darauf weist unermüdlich und mit vielen eindrücklichen Erfahrungsberichten Walter J. Hollenweger in seiner dreibändigen »Interkulturellen Theologie« hin.[193] Es ist bezeichnend, dass in diesen jungen Kirchen die lutherische Rechtfertigungslehre und eine von dieser bestimmte Theologie und Verkündigung kaum eine Rolle spielen. Nicht die Rechtfertigung, sondern die Heilung des Menschen steht hier im Mittelpunkt, und zwar nicht nur die Heilung des einzelnen Menschen, sondern mit ihm seines ganzen Umfelds. Es geht also nicht nur um Heilung von allerlei Krankheiten, sondern damit eng verbunden um Heilung von gestörter Gemeinschaft, von Unterdrückung und Verelendung. Diese Heilung wird im Gottesdienst gefeiert, weniger durch Lehren und Predigten als durch Gesänge, Tänze und vielfältige Segenshandlungen. Auch das ist natürlich einseitig, auch das fordert das Gespräch mit der im Mittelmeerraum entstandenen alten Tradition der Kirche. Für beide Seiten, für die Kirchen im Westen und im Süden, ist also die gegenseitige Kenntnisnahme und intensive Begegnung von großer Wichtigkeit. Dies ist vielleicht die notwendigste und verheißungsvollste Aufgabe der Kirche im 21. Jahrhundert.

Literaturverzeichnis

– KÜTEMEYER, WILHELM (1953): Entmächtigung der Macht. In: Evangelische Theologie 13 (1953), 289–305.
– Schütz, PAUL (1963b): Freiheit, Hoffnung, Prophetie: von der Gegenwärtigkeit des Zukünftigen. Gesammelte Werke, Band III, herausgegeben von Hans F. Bürki. Hamburg [u. a.]: Furche-Verlag, 1963.

---

[193] Vgl. Hollenweger (1979), (1982), (1988).

– VON WEIZSÄCKER, VIKTOR (1986a): Begegnungen und Entscheidungen – Nach dem ersten Weltkrieg. In: Ders.: Natur und Geist. Begegnungen und Entscheidungen. Gesammelte Schrif-ten, Bd. I, Frankfurt am Main: Suhrkamp, 1986, S. 195–220.

– ROSENSTOCK-HUESSY, EUGEN (1963/64): Die Sprache des Menschengeschlechts: eine leibhaftige Grammatik in vier Teilen. Heidelberg: L. Schneider, 1963/64.

– J. HOLLENWEGER, WALTER (1979): Erfahrungen der Leibhaftigkeit. (Interkulturelle Theologie, Bd. 1.) München: Kaiser, 1979.

Zeitfracht Medien GmbH
Ferdinand-Jühlke-Straße 7
99095 Erfurt, Deutschland
produktsicherheit@kolibri360.de